纪念樊庆笙先生诞辰 110 周年

在南京农业大学生命科学院楼的大厅中央，矗立着一座樊庆笙教授的汉白玉石雕像，他坚毅又充满期待的目光注视着每天来来往往的莘莘学子。

他是中国著名的农业教育家、微生物学家、农业微生物学的奠基人、中国首批青霉素的研制者和命名者。

樊庆笙教授

1911~1998

飞越驼峰航线

樊庆笙的科学报国之路

中国首批青霉素的研制者和命名者
中国农业微生物学的主要奠基人

樊真美　编著

南京大学出版社

图书在版编目（CIP）数据

飞越驼峰航线：樊庆笙的科学报国之路 / 樊真美编
著 . -- 南京：南京大学出版社，2021.11
ISBN 978-7-305-25048-4

Ⅰ.①飞… Ⅱ.①樊… Ⅲ.①樊庆笙 – 传记 Ⅳ.
① K826.3

中国版本图书馆 CIP 数据核字（2021）第 203020 号

出版发行　南京大学出版社
社　　址　南京市汉口路22号　　　　　　　邮　编　210093
出 版 人　金鑫荣

书　　名　飞越驼峰航线——樊庆笙的科学报国之路
编　　著　樊真美
责任编辑　王南雁　　　　　编辑热线　025-83595840

照　　排　南京新华丰制版有限公司
印　　刷　南京凯德印刷有限公司
开　　本　787×1092　1/16　印张　13.75　字数　190　千
版　　次　2021年11月第1版　2021年11月第1次印刷
ISBN 978-7-305-25048-4
定　　价　98.00元

网址：http://www.njupco.com
官方微博：http://weibo.com/njupco
微信服务号：njuyuexue
销售咨询热线：（025）83594756

序

自 1902 年三江师范学堂农学博物科追溯至今，南京农业大学已走过近 120 年的历程。一辈辈农学先贤宛若群星璀璨，他们栉风沐雨、潜心治学，将论文写在祖国的大地上，为后辈们所敬仰。无疑，樊庆笙教授便是其中一颗耀眼的明星。

樊庆笙教授是中国农业微生物学的开创者之一。他早年在我校前身的金陵大学农学院求学，后留校任教，1950—1952 年任金陵大学教务长，1981 年出任我校前身南京农学院院长。抗日战争时期，他带着极其珍贵的盘尼西林菌种，沿着"驼峰航线"飞越喜马拉雅山，最终在昆明成功地制造出盘尼西林，并为之命名："青霉素"，这种抗感染药物挽救了千百万军民的生命。同时，他还参与了中国第一座血库的筹建，制成大量血浆送往前线，为浴血奋战的中国远征军们送去了重生的希望。新中国成立后，樊庆笙教授长期致力于农业微生物学的教学、科研及应用工作，编写了一系列微生物学教材，为新中国成立之初的农业微生物教育发展填补空白。他主持并建立了全国第一个厌氧微生物学实验室，在共生固氮菌的生理生化研究以及紫云英、花生、大豆根瘤菌的应用研究作出了突出的贡献，并历经二十余年锲而不舍的努力实现了紫云英北移，经济效益和社会效益显著。

繁重的科研之外，樊庆笙教授对农业微生物学的教学工作付出了极大的热情和心血。数十载的教学之路上，他始终是一位传递理想、乐于奉献的师长，用心用情倾注关怀于每一位学生和年轻同事，既关心他们学业上的成长成才，也关注他们生活中的暑热寒凉。在物资匮乏的年代里，对学生们的学术要求极为严格的樊教授，却因为他们吃不饱而着急，无私贡献出自己家里并不富余的糕点票，只为了让学生们能够安心求学。甚至于，当他身处逆境、蒙受冤屈，迫不得已告别科研一线，只能在实验室里清洗试管之时，他不仅坚持将试管洗的干干净净，还不求回报的指导年轻教师们做学问，一遍遍的为他们修改文稿、指正错误。毫无疑问，他的言传身教影响了庄巧生、李宗道、盛承师、殷恭毅、黄力、贾新成、黄为一、潘迎捷等一大批优秀的农业学者、专家，他们承前启后、脉脉相传，成为了中国农业高等教育的推动者和传承者。

对于南京农业大学而言，樊庆笙教授不仅仅是一位卓越出色、举世闻名的学子，一位敬业求真、爱生如子的教授，更是一位呕心沥血、尽职尽责的老领导。20世纪70年代末，为了恢复南京农学院的办学，他和大家一起积极奔走拜访，传达南农教职工的心声，最终在1979年1月实现了南京农学院的复校。复校后，他出任南京农学院院长，投身于百废待兴的学校建设工作之中，在他的主持规划之下，学校在江浦农场开辟试验田，在卫岗校区新建图书馆、实验室、教职工宿舍等，仅仅两年就让学校面貌焕然一新，甚至对南京农业大学至今的发展规划都产生了极为深远的影响。晚年病重的樊庆笙教授，最关心的也还是学校的发展，他怀着巨大的热情，忍受病痛的折磨，全力投入金陵研究院的筹建工作，一心一意要将它建成"世界一流水平的生命科学院"。转眼间，樊庆笙教授离开我们已经二十三年了，无论是敬立在学校生命科学楼大厅的汉白玉雕像，还是1998年成立并传承至今的樊庆笙奖学金，无一不表达着我们全体南农人、三十余万校友以及无数农学后人的深切思念。

本书是樊庆笙教授的女儿樊真美女士，通过整理大量文献、史料，查阅原始信件、图片，一次次的核实，一回回的拜访，最终得成的心血之作。轻抚书页，仿佛看见那个江苏常熟贫寒人家的青年学子，怀着一颗拳拳之心回到战火纷飞的祖国，用实际行动诠释着"天下兴亡，匹夫有责"；也看见了一位诲人不倦、精益求精的老一辈知识分子，怀着金针度人之举，为一代又一代的学生、弟子们毫无保留地奉献自己；还看到了一位真正将南京农业大学的发展放在心间的老前辈，他克勤克俭、鞠躬尽瘁，即使到了生命的最后一刻仍旧在思虑、谋划学校的未来。为此，请允许我真诚地感谢樊真美女士，正是她的努力，才能使本书得以面世，让更多的人看到樊庆笙教授品格高洁、精益求精的一生。

云山此去路苍苍，江水泱泱千里长。今年恰逢樊庆笙教授 110 周年诞辰，本书的出版不仅仅是缅怀与纪念，更是对南京农业大学以及整个中国农学界的激励与鞭策。斯人虽已远去，但他的精神如同明亮的星星闪耀过夜空，留下无数光和热，为农学后辈们照亮前行的路。吾辈更当拾级而上，以赤诚之心将中国人的饭碗牢牢捧在自己的手上，更为全球农业的发展贡献出属于南农人的智慧和力量。

南京农业大学党委书记

陈剑根

前　言

父亲樊庆笙先生离开我们已经二十三年了。回看他的一生，历经沧桑、艰难坎坷，为实现强国梦，把自己的毕生精力和心血奉献给祖国和人民以及他所钟爱的科学事业。即使在处境最困难的时候，他也没有丢掉自己的信念，爱祖国、爱人民，始终不渝、坚韧不屈、砥砺前行，做出了杰出的贡献。

父亲出生于辛亥革命成功的 1911 年。在他的青少年时代，他目睹了军阀混战、民不聊生，积贫积弱的中国受列强欺凌、割地赔款的惨状，从而萌发了发奋读书、科学救国的志向。

抗日战争时期，他在美国获得博士学位以后，冒着生命危险，经驼峰航线终于回到昆明，投入抗日救国的洪流。他将极其珍贵的三支盘尼西林菌种和研制盘尼西林的仪器、试剂和溶剂带回国，并在昆明试制成功中国首批盘尼西林药剂，后来他将盘尼西林定中国译名"青霉素"；同时他和医学博士易见龙带回了一座血库的全套设备和医用物资，在昆明组建了中国第一座血库，制造血浆、检验血浆，救助在云南腾冲前线与日寇浴血奋战的中国远征军伤员。

新中国成立后，他迎来了知识分子久盼的和平建设时期，也迎来了实现自己抱负的大好时光。他以极大的热忱投入教学和科研工作，开创了中国最早的土壤微生物学专业和土壤微生物学实验室，招收了新中国第一批微生物学研究生，为新中国培养了大批从事微生物学的教学和科研人才，成为中国农业微生物学的主要奠基人。

正当他率领弟子们向科学高峰进军时，1957 年他被错划为"右派"，被迫离开了朝夕为伴的讲台和实验室，去农村劳动。

在漫长的岁月中，父亲身处逆境，不忘报国，矢志不渝。他编写了微生物学的多门教材，填补了微生物学教材的空白，却从未署名。他不遗余力指导青年教师上课，指导论文，为后人铺路，扶植青年教师成长。他是一个意志坚强、目标坚定的人，从未忘记他的科学梦。实验室的科研搞不成，就到大田去搞。20世纪60—70年代，他走遍大江南北、穷乡僻壤，推广并指导农民使用菌肥、生物农药，帮助农民解决农业生产中疑难问题，深受农民欢迎。他根据共生固氮理论，提出用接种根瘤菌的方法，带领南京农学院部分教师，经过近二十年的艰苦试验和推广，终于实现将紫云英种植区域北移的宏伟目标，为农民提供大量无公害的优质绿肥，使粮食大幅度增产。

1979年，父亲的"右派"问题得到彻底改正。这位在1956年就向党组织提出入党申请的老知识分子，终于实现了自己的志向，加入了中国共产党，迎来了他生命中第二个春天，满腔热忱、全力以赴地投入了新的工作。

年届七十的父亲挑起了南京农学院复校后重建的重担，殚精竭虑为学校基建，整顿教学，学科建设，培训教师，提高科研水平，开展国际交流和合作日夜操劳，开创了南农复校后教学、科研全面发展的新局面。他在担任院长的同时还坚持为本科生和研究生上课，共为国家培养了硕士33名，博士11名。患病后，他又受金陵大学校友会的推举和委托，抱病挑起了筹建金陵研究院的重任。面对任重事繁，他耗尽心血，一直操劳到生命的最后时刻。

父亲为人敦厚诚朴、做事低调、淡泊名利、一生清廉。他去世后，南京农学院单人耘先生撰文"庆有学说播宇内，笙无一管为身谋"。他对子女很少谈及事业上的成就，更不诉说他遭受过的磨难，以致我们对父亲的成就知道很少。2011年，父亲的学术成就被选入"20世纪中国知名科学家学术成就概览"，科学出版社向我们约稿。2018年，中国科协派专人来收集20世纪知名科学家学术成就的原始资料，永久保存。但因历史久远，材料缺失、档案无存。我和我的家人投入了"大海捞针"般的求索：四处走访父亲生前同事、学生和好友，到南京大学图书馆、江苏省档案馆、新华日报社等查阅有关历史资料。外孙女杨帆检索并下载了当年美国医药助华会月刊上刊登的樊庆笙博士成功研制盘尼西林的文档。她还托在美国得克萨斯大学医学分部任教的任凭博士，通过该大学医学图书馆（Moody Medical Library），找到发表在 *Chinese Medical Journal*（《中华医学》）上中国抗战时期唯一一篇关于青霉素研制的论文 "Experimental Production of Penicillin in China"（《盘尼西林在中国的研制生产》）的扫描件。正是这份扫描件表明樊庆笙以中华血库细菌学家的身份参加并指导了中国第一批青霉素的研制生产。

长达十几年的追索和收集资料，使我们理清了一些历史事实，也更理解了父亲一生追求并全身心投入的事业。为了使这些珍贵史实不再被历史的尘埃淹没，为了传承老一代知识分子为实现强国梦无私奉献、坚韧不拔、知难而上的奋斗精神，我也不避浅陋提笔写了这本《飞越驼峰航线——樊庆笙的科学报国之路》，奉献给广大读者。

樊真美

2021 年 8 月

目　录

第一篇

求学生涯 成长历程

刻苦求学

1911年8月4日，樊庆笙出生在江苏常熟野猫口一个清贫人家。野猫口现在是苏通长江大桥南岸的起点，高楼林立，一百多年前只是长江边的一个渔港。他父亲是米铺小职员，母亲在家种两亩田、纺纱。家里弟妹多，入不敷出。他自幼生长在农村，深知农家生活的艰辛。孩童时代，他喜欢在江边看潮起潮落，渔船归来，退潮后的江滩上爬满了露出水面的螃蜞，懂事的他常到江滩上捉螃蜞，捉满一篮后回去交给母亲做面拖蟹，让全家享用一顿美餐。他知道父母节衣缩食供他上学的不易，怀着强烈的求知渴望学习文化知识。聪慧过人的他，在常熟西周市小学读初小和苏州盘门东大街第一高小就读时，年年成绩优秀。1923年他进入苏州萃英中学后，常得第一名且品学兼优，学校免收他的学杂费，使家境困难的他顺利读完高中。1929年毕业时，因成绩优秀，他被保送到南京金陵大学农学院森林系。18岁的樊庆笙身材修长、一表人才、敦厚善良。他成了苏州众表兄妹的表率和效仿的榜样。

他的表弟黄肇曾回忆："在当时的旧中国，选定农学为终身专业，可以说是与众不同的。当时中国的农村，赤地千里，哀鸿遍野，农民苦不堪言。他（指樊庆笙）自青年时代，就立志以救国救民为己任，决心走学农这条路。他起了带头作用，我受他影响，也立志学农。1933年，我报考了浙江大学农学院，1937年毕业。从此，我们又成为同行，两人都为振兴祖国的农业工作一生"[1]

樊庆笙在金陵大学学习期间，又因成绩优秀，年年获得奖学金，从二年级起被聘兼任实验课助教。他和长女说过，他第一学年学费是向亲友借的，从大学二年级开始，就靠助教补贴和奖学金读完了后面三年，毕业后就要把一半的薪水寄回老家，贴补家用。金陵大学的严格要求，加上他的不懈努力，使他打下了坚实的理论知识基础，培养了他严谨的治学态度。1933年樊庆笙毕业时获毕业生的最高奖——金钥匙奖，并留校任教。

---

[1]黄肇曾.芍药无言年年红，怎知人间永别情.《樊庆笙教授纪念文集》143-144.北京：中国农业科学技术出版社（2003）.

1935 年摄于金陵大学校园

1934 年摄于杭州

1932 年摄于青岛

1935 年摄于南京

樊庆笙在金陵大学标本室

樊庆笙在金陵大学
实验室

1933 年樊庆笙于金陵大学毕业

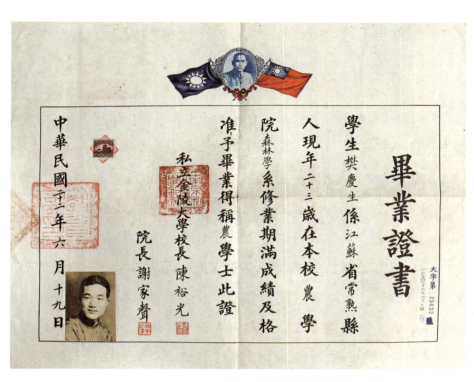

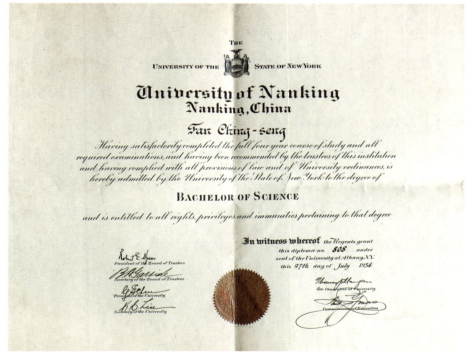

樊庆笙的金陵大学中文版和英文版的毕业证书

留校任教

　　樊庆笙毕业后被留校任教，在植物病虫害系担任植物学和植物分类学的教学工作。

　　金陵大学校友湖南农业大学的李宗道教授在缅怀恩师的文章中写道："我1934年考入南京金陵大学农学院学习，第一年学习主要课程《植物学》，就是樊老师负责我们实验课，……樊老师对学生要求非常严格，……哪个学生实验报告做得不好时，一律重做，一次不行二次，二次不行三次，直到做好为止。……从那时起，樊老师教学严谨的作风，使我终生难忘，受益匪浅。盛承师同学自己当了湖南农业大学教授，仍把多年前樊老师修改批阅的实验报告一直珍藏至今，并经常拿出来给新任校长们看，希望学校像樊老师一样对学生严格要求。"[1]

　　金陵大学校友庄巧生院士回忆："1935年1月，我考上了金陵大学农学院，主修农艺、辅修植物，第一天上课的头一节课就是樊老师讲的普通植物学。普通植物学是农学院的基础课，是一门内容广泛、描述性很强的入门课，听起来不难懂，但要一一记在脑子里就有些困难。樊老师记性好，讲课口齿清楚，有条理，重要的地方常常有意识的重复阐明以引起注意，同学们听起来不感到腻烦，留给人的印象比较深刻。为了配合讲解，他常在黑板上用有色的粉笔作图，或用事先绘制好的图解展示，其下笔的神速，技巧的精湛，几乎和书本上印刷的一样精确、细致，令人感叹不已。用今天的术语说，樊老师应是青年大学教师中的精英。如果他没有扎扎实实的真才

---

[1]李宗道.终生的老师，永远的榜样.《樊庆笙教授纪念文集》9-11.北京：中国农业科学技术出版社（2003）.

飞越驼峰航线
樊庆笙的科学报国之路　008

实学做后盾，就不可能有那么出色的课堂效果。使我受益更大的是这门课的实验，它工作量很大，每次都要逐个地对实物、标本、切片进行仔细观察、绘图、标注来加深认识，以及回答实验指南中提出的问题，远远超过了规定的时间，只好另找时间补课，每周如此，这样，经过一个学期加班加点进行实验的实践和锻炼，养成了我对迎接沉重学习负担的适应能力，也体会到勤能补拙的实际效果。"[1]

金陵大学校友徐国帧回忆："樊老师带我们实验课时，在做植物形态和解剖实验时，要求我们学会生物画图技能。凡是应该在显微镜下描绘的，一定要用左眼观察镜片图像，右眼看着纸和笔，进行勾画绘制，所绘图像，要求线条清晰，布点匀净，注释正确。有的同学的实验报告，被樊老师屡退屡改，屡改屡退，竟达七八次之多。"[2]

樊庆笙对家境困难的学生尽力相助。庄巧生回忆："樊老师找我和黄率诚同学作助教生，帮助他照看每周两个下午的实验，我们欣然接受了这项工作，也有点受宠若惊。……通过作助教生取得了一些报酬，对我们俩个穷学生是很大的帮助，对自己的充实提高也有很大好处。"[3]

1935年，樊庆笙的论文"水生植物的适应"发表在《生物科学杂志》第一卷第一期上。文中分析了为适应水中的生活条件，水生植物器官形态上的变异和内部构造的特殊。文中20幅水生植物在水中鲜活的立体图和显微镜下精细的剖面图，皆为樊老师所画，可见功底之深，也为学生做了规范绘图的示范。

在植物病虫害系工作期间，樊庆笙多次带学生到湖南、安徽等地采集标本，调查和研究长江流域的森林资源和植物分布。他是金陵大学植物病虫害系植物分类标本室的奠基人之一。

---

［1］［3］庄巧生手稿.

［2］徐国帧.师德楷模樊庆笙先生.《樊庆笙教授纪念文集》127-128.北京：中国农业科学技术出版社（2003）.

1935年在湖南常宁县采标本时和当地的瑶族妇女合影
左一樊庆笙，左三穿瑶装的刘德林，右一李养源

1935年在湖南常宁县采标本，左三樊庆笙

采集标本队和当地瑶族
同胞在一起
前排右二樊庆笙

樊庆笙拍摄的瑶族姑娘
（1935 年）

White Lily (Lilium Brownii F.E.Brown)

On grassy slope of Yang Shan, Hunan

Photo by C. S. Fan, 1935.

樊庆笙做的植物标本照片之一，白百合（标本原存金陵大学标本室，1952年院系调整后，被南京大学生物系接收）

1936 年带金陵大学植物病虫害系学生去滁州琅琊山采标本
前排左一樊庆笙

1935 年的岳阳楼
樊庆笙摄

1936 年樊庆笙先生和周珊珍女士订婚照

1936 年樊庆笙先生和周珊珍女士在金陵大学校园

西迁成都

1937年10月日寇攻陷南京前，金陵大学仓促西迁至位于成都华西坝的华西协和大学，先后迁入华西协和大学的学校还有金陵女子文理学院、齐鲁大学、燕京大学，合称"五大学"。后来中央大学医学院也搬入华西协和大学，"五大学"共有60多个系科，五位校长联合办学，他们精诚合作，共克时艰，广揽精英。每个大学单独招生，教师允许跨校兼课，学生允许跨校听课，互通学分，实现了强强联合，互通有无。其办学规模和教学质量可与昆明的西南联大媲美。

金陵大学校友，南京农业大学殷恭毅教授在缅怀樊庆笙老师的文章中写到了樊师在成都的教学：

樊师待人亲切，语气平和，谆谆善诱，诲人不倦，使学生油然起敬。1938年我选读了樊庆笙老师讲授的《植物分类学》，受益匪浅。这门课有诸多名词要死记硬背，内容繁琐。而樊师采用田野教学为主，实验室鉴定标本为辅的教学方法，使这门比较枯燥的课程变得生动活泼、趣味盎然了。每当我们随樊师在校园和田野，边走边赏识名花异草和自然野景，边观察识别各种草本藤本植物时，心情舒畅自然，激发的记忆功能，远胜在课堂听课。樊师先不按分类系统，而将当令开花的植物先讲，讲述植物的名称，俗名，拉丁文学名，各部形态，结构，生境，生态和用途等。樊师缓缓道来，我们边看边记笔记，印象非常深刻。在实验室上课，樊师引导我们观察蜡叶标本时，再讲分类系统，要求我们按目、科、属、种、形态特征等填表写报告，由此受益较深。最难忘的是樊师指导以树木冬态性状作分类，要求各自描述树木草种冬态，作一篇课程论文，并画出图像。他自己也撰写了一篇《成都树木之冬态》，发表在当年的《金陵学报》上。[1]

---

[1] 殷恭毅.音容宛在，师德长存.《樊庆笙教授纪念文集》14-16.北京：中国农业科学技术出版社（2003）.

1938 年暑期，金陵大学植物病虫害系系主任焦启源和樊庆笙带领金陵大学采集队到峨眉山进行调查和采集标本。也就是在此时，周珊珍女士从杭州，历经长途跋涉，到达成都。两人在峨眉山双飞桥中国旅行社结婚，焦启源先生主持了简朴的婚礼，李扬汉先生被推为"司仪"。

1938 年金陵大学植物病虫害系师生去峨眉山采标本，摄于万年寺
前排左一樊庆笙，左二周珊珍，右一植物病虫害系主任焦启源

1938 年樊庆笙和周珊珍在峨眉山中国旅行社前　1939 年樊庆笙和周珊珍在成都华西坝

1939 年樊庆笙和周珊珍在华西协和大学钟楼前草地　1939 年摄于成都

赴美留学

　　1940 年夏，美国洛克菲勒基金会给金陵大学农学院一个留美名额。僧多粥少，院方将一份奖学金分给了 3 人，留学时间 3 年改 1 年，以完成硕士学位为目标，樊庆笙被院方作为首选之人。

1940 年 6 月金陵大学师生欢送樊老师赴美求学
前排左三樊庆笙

1940 年 8 月 24 日
在俄罗斯皇后号轮船上
左起：程淦藩　蓝天鹤
樊庆笙　徐雍舜

1940 年摄于成都

在威斯康星大学细菌系学习一年后，樊庆笙获得科学硕士学位。他的导师看中了他的才华和勤奋，愿意资助他攻读博士学位。晚年他曾对长女说过，当时导师问他每月需要多少生活费，他只说了一个最低的数字——50美元，导师又给他增加了10美元。他就是靠每月60美元的微薄资助刻苦学习。两年中，他几乎每天都在实验室和图书馆度过，在实验室一站就是十几个小时，在图书馆贪婪地阅读当时最新的科学文献资料，这使他积累了广博的知识，开阔了视野，且练就了精湛的实验技术，为他日后的厚积薄发打下了坚实的基础。

在学习期间，樊庆笙在美国《普通生理学》和《细菌学》期刊上发表两篇论文《小球藻在光合作用中固定二氧化碳释放氧气的实验性分离》和《绿藻在缺乏二氧化碳时氧气的产生》，并成为美国细菌学会会员。[1]

1943年5月，樊庆笙获得哲学博士学位，并又一次获得颁发给卓越学生的金钥匙奖。[2]

---

[1][2]《20世纪中国知名科学家学术成就概览》农学卷第四分册80-91.北京：科学出版社（2013）.

樊庆笙在威斯康星大学
实验室做实验

樊庆笙在威斯康星大学实验室瓦勃呼吸器上做气体交换实验

在威斯康星大学实验室外

在威斯康星大学林肯像前

1942 年在威斯康星大学
农学院校园

在威斯康星大学的读书照

University of Wisconsin-Madison

The Board of Regents of the University of Wisconsin System,
on the nomination of the faculty, has conferred upon

CHING-SENG FAN

The Degree of
DOCTOR OF PHILOSOPHY

Together with all honors, rights, and privileges belonging to that degree.
In witness whereof, this diploma is granted.

Given at Madison in the State of Wisconsin
this twenty-third day of December, in the year two thousand one
and of the University the one hundred fifty-first.

Katharine Lyall
President, University of Wisconsin System

Jon D. Wiley
Chancellor, University of Wisconsin-Madison

Toby E. Stein
President of the Board of Regents

To Replace diploma issued May 29, 1943

樊庆笙的博士学位证书（原件在"文革"中被抄家失去，后由威斯康星大学根据存档补发，校长签名是现任校长所签）

1943年5月在威斯康
星大学获得哲学博士
学位，中间为樊庆笙

第二篇

飞越驼峰　抗日救国

樊庆笙带着珍贵的盘尼西林菌种和化学试剂、仪器、溶剂，并和医疗队一起带着"华人血库"全套设备回国

1943 年，微生物学界发生了一件轰动世界的大事——盘尼西林（penicillin）在美国已成功进行工业化生产，并投入临床使用。这种神奇的青黄色霉菌制成的药物拯救了二战中成千上万伤病员的生命，这是当时微生物学最辉煌的成就。樊庆笙敏锐地想到中国人民正在艰苦抗战，前方将士天天在流血，中国太需要盘尼西林了，必须赶快回中国制造出盘尼西林，救治前方伤病员。

当时威斯康星大学正是美国盘尼西林的研制中心，樊庆笙的导师植物学家 John Stauffer 教授是负责筛选盘尼西林菌种的主要科学家之一，他和同事 Myron Backus 分离出战时计划中产量最高的盘尼西林菌种 Q-176。樊庆笙在导师的帮助和支持下，广泛收集和研究盘尼西林研发和生产的最新技术资料，并向导师学习丁醇萃取盘尼西林的技术。他归心似箭，急于回到中国，报效祖国。但自从 1941 年太平洋战争爆发后，海上交通基本阻断，归国无路，他只能暂留美国。制取盘尼西林的一个重要环节是发酵，1943 年 8 月樊庆笙在美国南方路易维尔的西格兰姆发酵研究所，获得一份待遇不错的工作，他一边工作，一边学习发酵技术，积极为以后回国研制盘尼西林的发酵生产做准备。

苍天不负有志人。两个月后，樊庆笙收到威斯康星大学转来的美国医药助华会（ABMAC）[1] 的一封信，这使他看到了回国的希望。"美国医药助华会"是由美国医学专家发起并组织的民间团体。他们为在极其困难条件下艰苦抗战

---

[1] ABMAC 是美国医药助华会（American Bureau for Medical Aid to China）简称 . 颜宜葳，张大庆 . 我国第一座血库的建立 .《科学文化评论》第 3 卷第 1 期（2006）：67-82.

的中国人民提供许多无偿的援助。会长化学家 Van Slyke 博士和血库专家 John Scudder 博士等人发起并决定捐赠一座输血救伤的血库给中国，用以帮助中国人民的抗日战争。血库的设备和冻干血浆的制备技术在当时都处于医学进展的最前沿，对中国人民来说，真是雪中送炭。信上说血库的筹建得到纽约华人和美国民众大力支持，进展顺利，暂定名"华人血库"，目前尚缺细菌学的检验人才，希望樊庆笙博士能参加。对樊庆笙来说，真是一个千载难逢的机会，这样就可以随医疗队回国参加抗日工作，同时把盘尼西林的生产技术带回国。于是他毅然辞去西格兰姆研究所的工作，到纽约应聘。因他隶属金陵大学，经美国医药助华会向金陵大学协商借用他一个时期，得到金陵大学复电同意后，樊庆笙于 1943 年 11 月到"华人血库"担任检验主任。

到血库工作后，樊庆笙向医药助华会会长 Van Slyke 坦陈了自己的想法：他想回国承担血库工作的同时，进行盘尼西林的研制，目的是要在中国生产盘尼西林。Van Slyke 很尊重他的想法，并表示理解和大力支持，帮助他采购研制盘尼西林所需的仪器、设备、试剂、溶剂，更帮助他寻到两支极其珍贵的盘尼西林菌种。加上威斯康星大学又赠送了一支，共三支。这三支由樊庆笙带回国的盘尼西林菌种沙土管，当时比黄金还贵重。

在"华人血库"工作期间，樊庆笙专门到纽约中央医院（Presbyterian Hospital，一译长老会医院）学习血液的检验技术和制造冻干血浆的技术。为把盘尼西林移植到中国来，他除了到图书馆广泛收集有关盘尼西林的最新科技资料外，还和 Phillip Wong 博士进行了研制盘尼西林的试验，结果表明在中国制造盘尼西林是可行的。当时的中国没有什么工业基础，加上战争的破坏，物资极度缺乏，设备简陋，不能完全照搬美国的生产方式。樊庆笙根据中国的国情，研究出在较为简陋的条件下，不违背盘尼西林的制备原理和工艺流程，制造出盘尼西林的技术和方法，为回国研制盘尼西林做了充分的准备。

美国医药助华会月刊（*ABMAC Bulletin*）1944 年 3/4 期以"中国可以制造盘尼西林"为题报道了这一成功，同时还说明，樊庆笙将把研究数据和盘尼西林孢子带到中国，以便在中国进一步试验。

"华人血库"试运行期间，得到中国留学生、华侨、美国友好人士的支持，竞相献血。共采血 1157 份，采得血液制成 57 份干血浆，准备带回中国。医疗队招聘中国专家和医务人员 8 人：主任易见龙博士、检验主任樊庆笙博士、秘书林如斯（林语堂之女）、技师雷滋法、提炼陈秀英、助理伍葆春、护士长刘覃志云、护士窦路德。

美国医药助华会主要负责人和血库工作人员合影
前排左起：Van Slyke 博士 John Scudder 博士 Frank Co Tui（许肇堆）博士 F.Meleney 博士
后排左起：樊庆笙博士 林如斯（林语堂之女）刘覃志云 窦路德 陈秀英 伍葆春 易见龙博士

艰难曲折的回国路，冲破日寇围堵，飞越喜马拉雅山，回到祖国

因战时交通断绝，美国医药助华会接洽美国军部，让血库人员和物资搭乘美军运输船回国，因为只有穿军装的人才能上军船，所以中国总领事于焌吉给医疗队成员临时授予军衔，易见龙、樊庆笙为少校，其余6人为尉官[1]。

1944年1月20日，由易见龙、樊庆笙带队携带美国捐赠的血库，设备200余箱（重20余吨）以及所制备的冻干血浆，连同医药助华会准备的足够两年使用的各种消耗材料、配套用品，总共67吨，在纽约附近的一个军港，悄悄上了一艘美军运输船启程回国。

要把67吨医疗物资经海、陆、空多次转运，顺利运到中国谈何容易，不仅路途艰难，还有不可预料的危险随时可能发生。医疗队全体人员作了充分思想准备和应急准备，临危不惧。

归途充满险情。这艘船离开巴拿马运河进入太平洋后，即遭到日本军舰和飞机的围追堵击和轰炸，为修船，曾再次返回巴拿马。樊庆笙晚年患病后，和女儿谈起往事时说："当时炸弹就在船的周围爆炸，掀起数丈巨浪。"女儿问："你怕不怕？"他笑道："当时没想到害怕。我们在船上设立了一个救护站，我被派在前舱甲板的救护站工作。遇警报时，我就要戴上钢盔，穿上救生背心，戴上防毒面具去前舱甲板值岗。得空时我还教美军官兵说中国话、认中国字"。

为了避免日本潜艇袭击，不得不迂回航行，光穿越赤道8次之多。然后运输船绕道新西兰及澳大利亚南部海域，进入印度洋，历经5个月的艰险航程，

---

[1] 当时在美国授衔是临时性的，原说回国后由军医署正式授衔，到昆明后没有提授衔的事.

到达印度孟买。医疗队换乘火车经加尔各答到达利多，再搭乘美军的运输飞机，沿着"驼峰航线"（The Hump），飞越喜马拉雅山。1942 年日军占领缅甸，滇缅公路被切断后，新开辟的驼峰航线是中国从东部沿海到西南运输战备进口物资的唯一途径，是世界上最艰巨，最危险的，付出代价最大的航线。二战时的飞机是螺旋桨飞机，飞不高，且无导航设备。1942 年到 1945 年，美军在"驼峰航线"上摔毁了 1500 多架飞机，牺牲飞行员近 3000 人，中国损失了 48 架飞机，牺牲了 168 名飞行员。"驼峰航线"因此又被称为"死亡航线"。一千多架飞机残骸散落在喜马拉雅山脉的峡谷中，在阳光反射下，发出银灰色的光，铺成了"驼峰航线"的路标。血库人员乘的飞机起飞时虽然天气晴朗，但进入喜马拉雅山的崇山峻岭中飞行时仍危险重重，片片浓云不时涌进山谷，顿时云雾弥漫，飞机在乱云中上下颠簸，幸有时隐时现的"路标"依稀可辨，血库人员乘的这架飞机总算有惊无险，于 1944 年 6 月人员和所带物资设备平安到达昆明。

在昆明中央防疫处，研制成中国第一批盘尼西林，得到世界公认。以后又定了中国译名：青霉素

血库建在昆明的昆华医院内，在它南面隔着滇池不远就是当时的中央卫生署防疫处，处长汤飞凡是我国著名的细菌学家、病毒学家，他正领导一个小组进行盘尼西林的研制。汤飞凡见到樊庆笙非常高兴，立即邀请他参加他们的工作。当时血库尚在安装阶段，费时一月余，樊庆笙抓紧时间先投入盘尼西林的研制。他的加入，仿佛来了生力军，不仅带来了仪器、设备、试剂，还带来了优良的菌种，使得盘尼西林的研制进度大大加快。

樊先生用从美国带回来的两桶乙酸戊酯（Amylacetate）用作制取盘尼西林的萃取剂，带领助手朱既明夜以继日试制，克服种种难题，终于在1944年9月5日成功试制中国首批盘尼西林。第一批出品仅有5瓶，每瓶含盘尼西林5000牛津单位。其中1瓶寄往美国威斯康星大学送检，检验结果与送往英国的一瓶大致相同，分别得到英、美两国专家的肯定和鼓励。

医药助华会月刊（*ABMAC Bulletin*）1944年11/12期刊登了汤飞凡博士和樊庆笙博士在昆明研制生产盘尼西林成功的报道（附件1），摘录译成中文如下：

昆明实验室生产出盘尼西林

经过中央防疫处处长汤飞凡博士（Dr. F.F. Tang）和中国血库的细菌学家樊庆笙博士（Dr. C.S. Fan）两个月的实验，在昆明生产出了小批量的盘尼西林。用于生长这些菌株的孢子是由樊博士带回中国的，同时带回的还有ABMAC提供的玻璃器皿、化学药剂和其他仪器。

已经取得供外用的未加工的和部分提纯的盘尼西林，并且已经成功地用于治疗严重感染的病例。樊博士报告说，该实验室预期将其生产能力提高到每周500 000个单位，并且正在进行进一步的试验以获取提纯的盘尼西林，用于肠外注射。

关于盘尼西林的应用和生产的最新文章由ABMAC定期寄给汤博士和樊博士。

KUNMING LABORATORY YIELDS PENICILLIN

Penicillin in small quantities has been produced in Kunming after two months of experimentation by Dr. F. F. Tang, director of the Central Epidemic Prevention Bureau, and Dr. C. S. Fan, bacteriologist of the Chinese Blood Bank. The spores used to grow the mold were carried back to China by Dr. Fan, along with glassware, chemicals, and other equipment provided by ABMAC.

Crude and partially purified penicillin for external use has been obtained and has been successfully used in treating cases of severe infections. Dr. Fan reports that the laboratory expects to increase its productive capacity to 500,000 units a week. Further experiments are under way to obtain purified penicillin for parenteral injections.

The most recent articles on the use and production of penicillin are regularly sent by ABMAC to Dr. Tang and Dr. Fan.

DDT Powder Produced at University

Other Chinese scientists continue their wartime research, undismayed by shortages of chemicals and equipment. Dr. P.S. Tang, head of the Biochemistry Department at the Tsinghua University, has been successful in producing DDT in his laboratory. DDT is a powerful repellent which the U.S. Army has found effective in preventing insect-borne diseases. The materials used in DDT are imported, but can be obtained locally in small quantities.

COLUMBIA APPOINTMENT FOR GENERAL LIM

Lt. General Robert K. S. Lim has been appointed Special Lecturer in the Department of Physiology of Columbia University. Thus a great American university honors a great Chinese scientist.

AMA UNITS TRAIN Y-FORCE

The work of training medical personnel of the Y-Force in Yunnan was completed in August of this year. The 15 medical preventive units and 13 surgical units from the Army Medical Administration, which had cooperated with the U. S. Army to conduct training, have been reassigned. Four units are working with combat forces west of the Salween River and nine units are stationed with troops on the east bank. The remaining units are divided between the reserve forces, replacement camps, and the hospitals of the Chinese Expeditionary Force. Some of these units will be reorganized to form "Surgical Portable Hospitals".

During the training course emphasis was placed on sanitation as a means of preventing disease. Due to the limited number of sanitation experts this work must be done by the troops themselves. They were taught to construct wells, tanks and latrines; to chlorinate water, eradicate vermin, and dispose of wastes. Preventive inoculations against smallpox, cholera, typhus and typhoid were given. These AMA training units extended medical and surgical care to both soldiers and civilians in the combat zone.

Abmac Bulletin

AMERICAN BUREAU FOR MEDICAL AID TO CHINA
1790 Broadway   -   New York 19, N.Y.

VOL. VI, Nos. 11-12   Nov.-Dec. 1944

RETURN POSTAGE GUARANTEED

Postmaster: If addressee has removed and new address is known, notify sender on Form 3547, postage for which is guaranteed.

附件1：医药助华会月刊（*ABMAC Bulletin*）1944 年 11/12 期

1944年秋到1945年春,樊庆笙先生带领研究小组不断摸索,改进提纯方法,加强盘尼西林溶液富集和浓缩,制得的盘尼西林效价大大提升,每毫升溶液中含盘尼西林50 000牛津单位,并用冷冻法制成更易保存的粉剂。经过无菌测试、毒理测试、发热测试,在昆明昆华医院进入临床试验,结果表明对骨髓炎、积脓、新生儿眼炎、子宫内膜炎、背痈、蜂窝组织炎、伤口感染等均取得良好的治疗效果,且无明显副作用。(附件2)

1945年英文版的《中华医药杂志》刊登了以中央防疫处为发表单位的论文《Experimental Production of Penicillin in China》。这是中国研制盘尼西林最早的,也是二战期间唯一一篇论文。(附件2)

论文的署名是C.M. CHU、Y.W. WONG、C.C. FAN、F.F. TAN,依序为朱既明、黄有为、樊庆笙、汤飞凡。

其中C.C. FAN的名字上特别加了脚注"Bacteriologist of Chinese Blood Bank",表明他是中华血库的细菌专家。这一脚注是必要的,因为樊庆笙不隶属于中央防疫处。也正因为这一脚注,署名和樊庆笙先生的英文名拼法(C.S. FAN)虽差一个字母,却能确定无疑是樊庆笙。

按论文排名来看,汤飞凡是领导,樊庆笙是指导研究的导师,朱既明和黄有为做具体工作,这与樊庆笙当时已经是博士、拥有制造盘尼西林的技术和经验的身份是相符合的。令人遗憾的是,后人不知道血库的细菌学家就是樊庆笙先生,没有把两者联系起来。加上种种历史原因,樊庆笙先生在研制中国第一批盘尼西林中的贡献在很长时间内不为人知,没有得到应有的重视。

THE
CHINESE MEDICAL JOURNAL

VOLUME 64　　　SEPTEMBER-DECEMBER, 1945　　　NUMBER 5 & 6

EXPERIMENTAL PRODUCTION OF PENICILLIN IN CHINA*

C. M. CHU, Y. W. WONG, C. C. FAN** AND F. F. TANG

National Epidemic Prevention Bureau, Kunming, China.

The introduction of penicillin in the treatment of infections creates a new era in the progress of chemotherapy. Unlike sulfonamides, penicillin is at present produced by biological methods and for this reason, its possibility of being produced in biological institutes in China has been suggested and considered in several quarters. Ever since the first publications on the chemical and therapeutic properties of penicillin by Florey and his co-workers, we have been keenly interested in the continuous progress made in this field. Through the courtesy of various institutes and laboratories, we were supplied with several strains of Penicillium notatum and proceeded to experiment on a laboratory scale production. The following report summarizes the result of some experiments.

STRAINS

The strains under test were grown in duplicate tubes of 2.8 × 20 cm. size each containing 25 cc. of modified Czapek-Dox medium placed in a slanting position and incubated at 24°C. The growth and pH changes were followed up from day to day. On the 7th day and again on the 10th day after inoculation, the underlying fluid was withdrawn for assay. The result is expressed in terms of the highest dilution of the sample capable of completely inhibiting for 24 hours the growth of a local strain of Staphylococcus aureus (strain No. 250) in 10 cc. of meat extract broth.

Out of 10 strains tested, 4 strains (Lederle, Toronto, Burroughs Wellcome and Lilly) were found to be active in 1/100 dilution or over and 5 strains (Haffkine, Bungalore, Evans, Panja 256 and Johns Hopkins) were active in 1/50 dilution. One strain (Panja 353) failed to produce pigment and was completely inactive. The titre of inhibition was generally the same or higher on the 7th than on the 10th day of growth.

30 local strains of molds isolated from different sources were studied and out of these, 13 were found to produce inhibitory substances active against Staphylococcus aureus and none active against B. coli. A comparative study of their potency was made by growing them in modified Czapek-Dox medium containing 0.6% NaNO₃ and

* This work was assisted by a grant from the British Red Cross.
** Bacteriologist of Chinese Blood Bank.

附件 2：1945 年发表在英文版《中华医学杂志》上的论文《中国盘尼西林的研制和生产》首页

在汤飞凡博士和樊庆笙博士带领下，中国在抗战艰难的条件下，成功地研制出可用于临床的盘尼西林，成为世界上率先制成盘尼西林的七个国家之一。这一令人瞩目的成就得到了世界的公认[1]。

1944年美国援助中国的慈善机构曾考虑在美国建立一家工厂，并开发适应中国国情的技术。当他们了解到昆明的工作时，终止了该项目。因为中国人利用自己的专业知识和技能，已经跨出了盘尼西林制造过程中关键的第一步。[2]

1945年医药助华会总结该会1944年工作的高光时刻，其中之一即昆明中央防疫处用ABMAC提供的菌种和设备制成了盘尼西林，并有效地用于治疗皮肤感染。（附件3）

---

[1] 七个国家：美国、英国、法国、荷兰、丹麦、瑞典和中国. 摘自 Jenkins, John W. A centennial history: A history of the College of Agricultural and Life Sciences at the University of Wisconsin-Madison [M].University of Wisconsin-Madison（1991）123.

[2] Robert Bud. Penicillin: Triumph and Tragedy. Oxford: Oxford University Press（2007）79-81. 牛津大学出版社《盘尼西林：胜利与悲剧》.

ABMAC HIGHLIGHTS OF 1944

IN THE FIELD

BLOOD BANK

opens in Kunming July 12th. Generals Tu and Ma first donors. Mobile unit collects blood from army camps and nearby colleges. Plasma flown to Yunnan front.

ARMY HOSPITAL

at Kweiyang completed by special ABMAC grants. Hospital and EMSTS carry on work despite grave enemy threat to Kweiyang.

EXPERIMENTS

at Central Epidemic Prevention Bureau at Kunming yield small quantities of penicillin, effective in treating skin infections. Spores and equipment furnished by ABMAC.

PENICILLIN

shipments from ABMAC reach China. Control of distribution to physicians follows system used in United States.

6 PUBLIC HEALTH EXPERTS

return from studies in America to key positions in China. ABMAC arranged transportation for Dr. Huang Sung, Dr. Philip Wang, Dr. Hung-Wen Wang, Dr. Tang Yun-teh, Miss Chi Chen and Miss Wen-Yuen Fong.

EQUIPMENT

for standardizing biologicals and sera reaches China. Laboratory set up under supervision of Lt. Col. Tripp, loaned to NHA by U. S. State Department.

ON THE HOME FRONT

LT. GENERAL ROBERT LIM

visits America and revitalizes work of ABMAC. Tours medical training centers of U.S. Armed Forces, adapts training methods for use of Chinese Army. Acts as ABMAC's Advisor concurrently with military duties.

GENERAL SHANG CHEN

addresses Fall Board Meeting. Head of Chinese Military Mission to United States thanks ABMAC for assistance in supplying medical needs of Chinese Army.

NEW MEMBERS

strengthen Board of Directors. Elected in 1944 were: Ting-Wing Chu, Dr. A. Baird Hastings, Dr. Houghton Holliday, K. C. Lee, Dr. William Tillett, Dr. Harry van Dyke, Dr. Jerome Webster.

NATIONAL COMMITTEE

enlists cooperation of American medical schools to provide opportunities for advanced studies to doctors from China.

CLOSE RELATIONS

with China maintained. Steady flow of cables, letters and reports from China's health authorities. UNRRA fellows bring latest news of China's medical problems.

PURCHASING DEPARTMENT

assists China Medical Board, China Aid Council, China Foundation, and American Friends Service Committee in making purchases and shipments of supplies to China.

-4-

附件 3：美国医药助华会月刊 *ABMAC Bulletin* 1945 年 3/4 月版总结 1944 年工作的高光时刻

抗战胜利后，樊庆笙回金陵大学工作。1946年随金陵大学回迁南京。他一直牵挂着盘尼西林的研制，当时进口的盘尼西林价格昂贵，有"一支盘尼西林一两黄金"的说法，一般老百姓根本用不起。他想把盘尼西林由实验室的小批量生产尽快转化为大规模的工业化生产，提高效价、降低成本，逐步让国产盘尼西林占领市场，造福于中国的普通老百姓。为此，他写信给正在美国留学的李扬汉先生，托他回国时把新的一代菌种带回来。

1946年冬，原西北防疫处处长杨永年受中央卫生署委派，在上海主建中央生物化学制药实验处，继续进行盘尼西林的研制，中央生化制药实验处急需这方面的专家，写信邀请樊庆笙参与，这和樊庆笙的想法不谋而合。于是他受邀担任实验处简任技正[1]，负责盘尼西林生产的关键环节——盘尼西林菌种的提纯复壮、发酵提取，从而为盘尼西林的批量生产打下基础。生化处还特地为他配备了两名助手——傅贻柯、黄凤秋进行菌种培育、发酵提取等工作。于是他每周忙完了金大的课务后，就立即乘火车奔往上海。他用李扬汉先生从美国带回来的新一代菌种制得盘尼西林，效价又有了提高。1948年上半年，生化实验处筹建盘尼西林厂，准备进行工业化生产。

樊庆笙在上海中央生物化学制药实验处的部分研究成果《柠檬素作为抗生素》发表在美国权威学术期刊《科学》1947年9月期上。论文的共同作者之一是毕业于金陵大学的有机化学家汪猷。（附件4）

---

[1]当时公务员体系分委任、荐任和简任三类.委任最低,简任最高.技术类职称又分技术员、技士、技正等,其中技术员最低,技正最高.根据现存上海市档案馆中的中央生物化学制药实验处1948年公务员动态月报,童村先生、齐长庆先生和樊庆笙先生同为简任技正.其余均为荐任或委任.

TECHNICAL PAPERS

Citrinin as an Antibiotic

Yu Wang and F. K. Hong

Research Laboratories,
Pincomb Chemical Works, Ltd., Shanghai

F. T. Hwang and C. S. Fan

The National Institute of Biological
and Chemical Production, Shanghai

This is a preliminary report on bacteriologic, toxicologic, and therapeutic studies on citrinin begun by two of us in the Pincomb Chemical Research Laboratories in the early spring of 1945 and participated in by the group in The National Institute of Biological and Chemical Production beginning in 1947. The citrinin used in these experiments was isolated from the culture medium of *Penicillium citrinum* Thom, identified by G. Smith in England through the courtesy of J. Needham and found to be identical to that of Hetherington and Raistrick (2).

The study on bacteriostatic properties of citrinin was begun before V-E Day in complete ignorance of the work of Raistrick and Smith (4), Robinson (5), Oxford (3), and Ambrose and DeEds (1). The details of all these reports on antibiotic properties, with the exception of that appearing in the *Journal of Pharmacology*, are still not accessible to the authors. Table 1

TABLE 1

Species of bacteria	Gram stain	Minimum concentration of citrinin (mg./cc.)	Results
Str. viridans	+	0.05	Complete inhibition
B. mycoides	+	0.05–0.1	" "
B. graveolens	+	0.1	" "
Staph. aureus	+	0.4	" "
Pneumococcus	+	0.5	" "
V. cholerae	–	1	" "
B. typhosus	–	1	" "
B. dysenteriae Flexner	–	2–4	" "
B. coli	–	4	" "
B. paratyphosus	–	8	" "
Ps. pyocyanea	–	>15	Partial "

summarizes the results from our inhibition experiments with citrinin on bacterial growth.

For inhibition tests, 1 drop of a 24-hour bacterial culture was added to 1 cc. of ordinary broth medium containing different amounts of citrinin. After incubation for 16 hours, readings were taken. The figures in the third column represent the minimum concentrations of citrinin required for the complete inhibition of growth of different species of bacteria within 16 hours of incubation. It is evident that gram-positive bacteria are more susceptible to citrinin than gram-negative ones. *Streptococcus* and *Bacillus mycoides* are the most susceptible.

It is interesting to note that bacteria could be "sensitized" by citrinin so that their resistance was significantly reduced by

continuous subcultivations in media containing subminimal concentrations of citrinin. For instance, untreated *Staphylococcus aureus* required 0.4 mg./cc. of citrinin for complete inhibition, but after 10 treatments with citrinin (2 × 0.1 mg., 8 × 0.05 mg./cc.) it required only 0.05 mg., the time interval between two subsequent treatments being always 24 hours. The bacteria so treated resumed their normal multiplications immediately after being transferred into an ordinary broth medium. After 9 transfers in the broth, the descendants were still sensitive to citrinin, since 0.1 mg. of citrinin was already sufficient for their complete inhibition. Another instance is *Pseudomonas pyocyanea*. This could be inhibited by 4 mg. of citrinin after 9 subsequent subcultivations in a 0.4 per cent citrinin-broth medium, which was normally ineffective. The other bacteria (*Str. viridans*, *B. typhosus*, *B. dysenteriae*, *B. coli*, *B. paratyphosus*, and *B. mycoides*) behaved similarly.

Another remarkable finding was that the citrinin-treated staphylococci were also more susceptible to sulfadiazine. For example, those which were untreated required more than 5 mg. of sulfadiazine/cc. of medium for inhibition, while the "sensitized" ones needed 1 mg./cc. only.

Human serum (10 per cent) had no significant effect on the action of citrinin on *Staphylococcus*, *B. typhosus*, and *B. mycoides*. Cysteine (0.25 per cent) had no counteraction on citrinin. Sodium thiosulfate (0.5 per cent) and p-aminobenzoic acid (0.1 per cent) had no antagonistic action.

For toxicity tests we used albino rats and rabbits as experimental animals. For the rat the intraperitoneal lethal dose of citrinin was 1.7 mg./100 grams body weight, and for the rabbit, 5. mg. Autopsy showed hemorrhages in lungs and liver and accumulation of blood in the chest cavity. Repeated daily injections of citrinin in increasing doses resulted in increasing the tolerance of the animal to this substance. One rat (350 grams) was still living after receiving a total amount of about 155 mg. in 27 injections (1 × 0.8, 5 × 2.8, 8 × 4, 5 × 6, 4 × 8, and 4 × 12 mg.). A single intravenous injection of citrinin (2 mg./100 grams body weight) into the rabbit caused lacrimation, nasal discharge, salivation, drowsiness, and lowering of body temperature.

For therapeutic tests we have tried local application of citrinin on rabbits and human beings, and the results seemed very encouraging. In one experiment four rabbits of about 2 kg. were used. A piece of skin (1 × 3 cm.), together with some muscle beneath, was excised and the wound inoculated with *Staph. aureus*. After extensive pus formation two of the animals were treated locally with citrinin powder, one with sulfadiazine powder, the fourth, without any treatment, serving as a control. The citrinin-treated animals responded excellently. On the following day the lesions dried up, crusts formed, and in two days the wounds had healed. The sulfadiazine-treated rabbit showed some improvement, although some pus was still present on the fourth day of treatment. The control showed no improvement at all within 7 days.

Clinically, citrinin has been used in three cases of local infec-

附件 4：1947 年樊庆笙发表在美国权威学术期刊《科学》上的论文《柠檬素作为抗生素》首页

二十世纪四十年代 penicillin（盘尼西林）被介绍到中国后，数种音译和意译名称并存。在试制盘尼西林的同时，樊庆笙先生就提出给它定一个统一的中国译名。作为微生物学家，他的命名不仅考虑到英语词源和译名规范，还考虑了微生物学分类和形态学的方面。

晚年他曾向外孙女杨帆讲过他命名的依据：一是从形态上，这种"菌株"属于真菌中丝状霉菌，呈青黄色，取其"青"；二是从意义上，英文中词尾"in"在生物学上常翻译为"素"，如维生素（vitamin）。两者合一，最终命名为"青霉素"[1]。这个命名不仅得到后来从美国回来的中央防疫处细菌学家童村的赞赏，也得到了学术界的广泛认可。

中华人民共和国成立后，1950 年 5 月 2 日，文化教育委员会成立了学术名词统一工作委员会，专门负责学术名词的审定。1952 年 11 月在由樊庆笙、王岳、马誉澂、蔡润生、沈善炯、张为申、汪猷等专家学者组成的抗生素名词审查会上，"青霉素"被确立为 penicillin 在中国的唯一译名，一直沿用至今。[2]

---

[1] 杨帆. 梦回青石.《樊庆笙教授纪念文集》157-160. 北京：中国农业科学技术出版社（2003）.（娄无忌补充：属于真菌中的丝状霉菌）

[2] 徐丁丁. Penicillin（青霉素）中译名的变迁.《中国科学史杂志》第 36 卷第 3 期（2015）：325-335.

樊庆笙从美国带回国的三支青霉素菌种沙土管，蓝色的一支是做实验用的大肠杆菌冻干菌株

我们几个子女的共同回忆

这三支青霉素菌种沙土管在父亲的写字台抽屉的小纸盒里躺了半个多世纪。它们是父亲冒着生命危险，远渡重洋，飞越驼峰，带回祖国的。从这批沙土管中孕育出中国第一批 penicillin，又是父亲给它们起了个好听好记的中国名字——青霉素。这三支毫不起眼的沙土管，对他来说弥足珍贵。但由于历史的原因，在漫长的岁月里，父亲对青霉素的身世保持缄默和回避。多年来我们都不知道是何物。正因为"毫不起眼"，在"文革"中幸存下来。"文革"后，父亲的"右派"问题得到彻底改正。一次中国农业展览馆征集"文物"，他的弟子们听说他那有从美国带回来的青霉素菌种沙土管，问他还在不在了。他到书房里摸索了一会儿，找出三支封了口的沙土管托在手心给大家看，我们才知道这三只沙土管的珍贵和青霉素在中国诞生的历史。可是父亲犹豫了一

会，又放回去了，没有作为"文物"上交。这又是为什么？后来他和我们说过，既然中国第一个研制青霉素成功者，早已误传别人，他这个中国首批青霉素的研制者和命名者，就不想为了澄清事实真相，而打扰别人。晚年的他早把名利置之度外，他说，青霉素是为中国老百姓研制的，谁做出来都一样。父亲去世后，我们把其中一支捐给了南京大学——父亲前半生学习和工作的地方；另一支捐给了南京农业大学——父亲后半生工作的地方。

参加中国第一座血库的建设，制造血浆，救治在腾冲前线与日寇浴血奋战的远征军战士

1944 年 7 月 12 日，中国第一座血库在昆明举行开幕典礼。因直接为中国远征军服务，故定名"军医署血库"。这座美国医药助华会捐助的血库是中国有史以来第一座血库，它的设备——从抽血到提炼血浆，干馏至检验——在当时都处于医学最前沿。这对在极其困难条件下艰苦抗战的中国人民是莫大的支持。

樊庆笙的工作是检验血液、制造血浆。开始因中国人受迷信思想的束缚，来献血的人不多。血库在各大报纸加强宣传、呼吁献血救伤，同时工作人员到昆明附近的部队、学校、工地向群众宣传义务献血的知识。后来主动献血的人逐渐增多，特别是西南联大的学生，许多人捐血不止一次。

在战时困难的条件下，血库的工作也要因地制宜，土洋结合。没有自来水，自建蓄水箱用人力汲水入箱造"土自来水"；没有柴油，用木炭代替作高压蒸馏锅的燃料。经过培训的血库工作人员均能相当熟练地掌握采血技术，到达采血地点后 10 分钟就布置好场地，开始工作，每小时采血 30 人。但在自来水都没有的地方，要保持"无菌"，难度极大。血库工作人员没有畏难，设备简陋，

但责任心强，他们用最严格的操作，达到"无菌"标准。请看他们消毒工作程序：每天 200 余个采血瓶，每一只瓶先冲洗 5 遍，过肥皂水后，再用清水冲洗 5 遍，硫酸浸洗后，再冲 5 遍清水，最后过 5 遍蒸馏水。几百英尺长的胶管要一段段洗过，在蒸馏水里煮沸。面对繁重的工作，他们毫无怨言，乐于承担。樊庆笙和他的同事，辞别美国优越的环境和工作，应聘到血库工作，回到炮火连天的祖国，就是为了抗日救国。

制成的血浆用飞机直接运往滇西腾冲前线，救治伤员。1944 年秋天，一名军医从厮杀最苦的腾冲前线报告，在战地急救中，接受过血浆输注的士兵"只有百分之一不治而死，凡得到血浆救治的伤兵无一不颂血浆之伟大"（*ABMAC Bulletin*, 1944）。史迪威将军[1]在归国前，给助华会会长范斯莱克（Donald Van Slyke）写信赞扬说：血库给 Y 部队英勇顽强的中国士兵提供了极好的服务，你们尽可确信，你们机构的优秀工作挽救了许多士兵的生命。"Y 部队"即中国远征军第一批 30 个师的代号。（*ABMAC Bulletin*, 1944）

1945 年 8 月 15 日，日本投降，战时血库完成了历史使命。樊庆笙回到成都金陵大学任教，易见龙回湖南湘雅医学院任教。血库在昆明虽然只运行一年多，采血总量超过 300 万毫升，捐血者总计 1 万余人，救治了大批伤员，同时还为中国培养了第一批掌握现代血库知识的技术人员和管理者。

樊庆笙先生在昆明短短的一年多时间里，做了两件"中国第一"的工作：试制成中国第一批盘尼西林药剂；又参加了中国第一座血库的创建，制造血浆、救治伤员。樊先生不顾生命危险，回国投入抗日洪流并利用他在美国所学的前沿科学知识服务于中国抗战工作，所做的贡献值得我们追忆和永远纪念。

---

[1] 史迪威将军是美国陆军四星上将，1942 年先后担任盟军中缅印战区陆军司令和中国战区参谋长.

血库工作人员
前排左起：林如斯 伍葆春 窦路德
后排左起：樊庆笙 刘覃志云 陈秀英 易见龙

军医署血库在昆明昆华医院内（季诗雨绘）

告别成都

樊庆笙于 1945 年秋回金陵大学工作，开设植物病虫害系硕士研究生课程"微菌生理学"[1]，一年后晋升为教授，于 1946 年 6 月随学校动身回南京。

抗战胜利了，终于盼到回故乡见久别亲人的日子，但要离别生活了八年的成都真依依不舍。

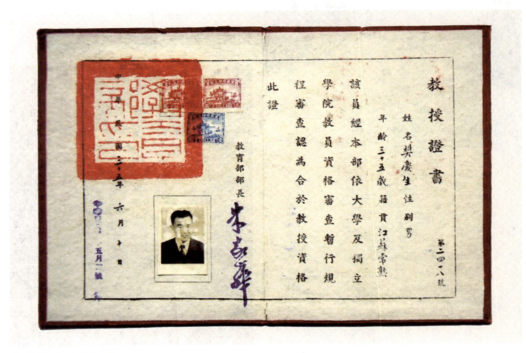

樊庆笙的教授证书

[1] 殷恭毅．音容宛在，师德长存．《樊庆笙教授纪念文集》14-16.北京：中国农业科学技术出版社（2003）.

1946 年华西协和大学明德楼前

周珊珍带着真美、抱着政中告别成都留影
1946 年 6 月樊庆笙摄于华西协和大学口腔
医院楼前

第三篇

创建学科 独树一帜

華東莱华五三级菌课細学同学谢師送師紀念合影吾廬

迎接解放

20 世纪 40 年代末，国民党统治下的南京，物价飞涨，民不聊生。而发了国难财的国民党高官一个个乘飞机还都南京，花天酒地，不顾百姓死活。为了对付一日三涨的物价，当时的教员拿到工资马上去买米、面、油等生活必需品。去迟了，粮价又翻了几倍。被老百姓骂成"刮民党"的反动政府，为了刮民，把法币换成金圆券，金圆券很快又不值钱了，又换成银圆券。到后来烧饼能卖2 万元一个，老百姓没法过了。爱国学生的反内战、反饥饿的学潮席卷南京城。

当时任金陵大学农学院植物病虫害系系主任的樊庆笙教授，除了教学工作还热心帮毕业生谋职，照顾同事和学生的人身安全和避难诸事，尽他所能，保护学生。

随着时局日趋紧张，金陵大学也有人主张迁台，而以老校长陈裕光为首的大多数教授坚决主张留守，迎接解放，樊庆笙是其中的一位。在南京解放前夕，为了防止有人破坏，樊庆笙积极参加金陵大学地下党组织的护校工作，晚上经常去学校值班、巡逻，以极大的热情迎接南京解放。

1949 年 4 月 24 日，南京解放。解放军是半夜进城的，就睡在马路边，不扰民，深得南京市民的拥护和赞扬。

南京解放后，中共金陵大学党支部公开。党支部经过了解，认为："樊先生积极参加解放前夕的护校工作，是一位爱国的、正直的知识分子，是一位有真才实学的微生物学家。建议统战部推动，吸收参加民主党派。向陈裕光校长建议，由樊先生担任教务长。"[1]

当年金陵大学党支部书记陆庆良回忆："金陵大学解放后适应新民主主义教育需要，进行改革，樊先生起了很大作用。"[2]

---

[1][2] 陆庆良.一位爱国正直的知识分子.《樊庆笙教授纪念文集》29-30.北京：中国农业科学技术出版社（2003）.

1947年摄于南京

樊教授在金陵大学校门口和被学生戏称为"报博士"的卖报师傅热情握手

1948年金陵大学植物病虫害系教职员和子女在农学院楼前合影
前排左起：殷尚正　殷尚智　夏何生　×××　刘德林儿子　樊真美　樊政中　刘德林　×××　×××
后排左起：王秋林　张志雍　殷恭毅　竺万里　樊庆笙　王就光　程美琦　郝文英　田开铸
（以上名字由殷恭毅先生提供）

勇挑重担创建土壤微生物学科，培养微生物学人才

1950 年 5 月—1952 年 6 月，樊庆笙教授被委任为公立金陵大学教务长，1952 年 7 月，院系调整后，由原中央大学农学院和金陵大学农学院合并成南京农学院。强强联合的南京农学院其师资和科研水平均处于国内领先地位，并在国际上有一定影响。樊庆笙被委任为南京农学院副教务长、学术委员会副主任。1953 年第一个五年计划开始了，全国各地呈现一片欣欣向荣的景象，迎来了知识分子久盼的和平建设环境，也迎来了樊庆笙实现自己抱负、报效祖国的大好时机。当年他年届四十，年富力强，以满腔热情和过人的精力投入了新的教学和科研工作。

他率先在南京农学院建立起我国第一个土壤微生物学专业和土壤微生物学实验室，组建了土壤农化系微生物学教研组，并精心策划了以固氮微生物学为研究重点，展开了自生固氮菌和根瘤菌的形态、生理、生态的研究。他还招收了中国第一批土壤微生物学研究生、研修生，为新中国高校和农业科研单位培养了第一批从事微生物学教学的教师和从事生物固氮的研究人才。他经常上午给大学生上课，下午或晚上给研究生和研修生上课或指导科研。他对研究生要求十分严格，务求教学、科研全面，知识、能力并重。

他的研究生对他的治学严谨，讲课生动，指导科研有方深有体会。刘自强教授回忆：

樊教授学识渊博、经验丰富、治学严谨和求实的精神，渗透到每一个教学环节。他亲自为研究生讲课，讲授知识的精髓和要义。他的语言精辟，层次清楚，比喻生动，富有逻辑。常引用中外新科研资料，旁征博引，引人入胜。他定期和研究生展开讨论，启发我们独立思考，相互交流，并大胆提出自己的见解和疑惑。而他的解惑常常一语道破本质，使我们茅塞顿开。在指导科研时，不仅"授于鱼"，指导学生查阅资料，选定课题，规划设计，订立措施；而且"授于渔"，让学生独立承担一些科研项目，锻

炼我们的科研能力。他及时地帮助我们处理科研中发生的问题，并不断教育我们说："科学研究是反映客观事物的变化规律，一定要有实事求是的科学态度。"在总结试验结果时，樊师提倡畅所欲言，各抒己见，引发思考，促使争论，最后归纳总结，使我们懂得了分析总结科研的方法，学到了处理学术问题的正确态度。[1]

为了使研究生在教学和科研两个方面都得到培养和提高，要求他们除了学习研究生的必修课程外，还需随大学生跟班听课，学习课堂教学法，并负责大学生的辅导和实验课，以熟悉教学的各个环节，毕业后能在大学和科研单位独立承担教学和科研工作。

他还被聘为华东药专（中国药科大学前身）细菌学教授、中科院南京土壤研究所研究员。每周要到药专上"细菌学"课，当时药专为他配了两位助教赵守训、徐国钧。每周一次到中国科学院南京土壤研究所指导工作，帮助年轻学者确定科研方向，制定科研规划，设置课题，解答他们的难题，帮助他们培养科研人才。赵守训教授得知樊老师去世后寄来了亲笔书写的纪念文字：

怀念樊庆笙老师

建国初期我当过樊老师的助教，

他对学生像慈母般的谆谆教诲，

他对青年教师如兄长样的关怀帮助，

他事事以身作则堪称师德楷模，

一代宗师永驻学子心中。

中国药科大学教授赵守训

2001.3

---

[1]刘自强.忆宗师，难忘怀.《樊庆笙教授纪念文集》45-48.北京：中国农业科学技术出版社（2003）.

院系调整后，原来丁家桥校区已不能适应发展，急需筹建新校区。院领导商请樊庆笙兼任基建办公室主任，对这个和他业务毫不相干的工作，他不但没有推辞，而是全力以赴。这样他更是忙上加忙，教学、科研、基建三副担子一肩挑。他带领基建办公室工作人员，去北京参加了政务院文教委员会组织的全国重点高校基建负责人的学习和考察。新中国成立不久，百废待举，国家投入大量资金进行高校建设，使他深感到新中国对教育的重视，"基建"对他来说是全新的工作，必须全力做好。回南京后，他多次去南京农学院森林系新院址武家庄[1]实地勘察，他和江苏省建筑设计院的工程师具体商讨校园规划的总体布局和教学实验大楼的细部设计。在基础施工和楼板浇筑的关键时刻，他不分昼夜，亲到现场检查、督促，即使节假日他也从不缺席。1954年冬天特冷，他冒着零下十几度的严寒，去工地检查工程进度，确保了工程质量，并慰问吃住在工地的工作人员。60多年过去，现在南京林业大学的教学大楼仍巍然屹立。

他每天都是从早忙到晚，一周七天连轴转。傍晚下班到家匆匆吃罢晚饭又走了，到他再回家时，孩子们都睡着了。孩子们抱怨："我们的爸爸和人家爸爸不一样，从来不带我们出去玩。"母亲对孩子们说："你们真不懂事，你们的爸爸很辛苦，他像老牛一样，没日没夜地负重耕田。"

---

[1] 原南农森林系新址，后来以南农森林系为基础成立南京林学院，现为南京林业大学校址.

华东药专 52 级细菌学科同学谢师照

前排左五樊庆笙

1953 年樊庆笙招收的第一批研究生和研修生

前排左起：洪桢瑞　樊庆笙　刘自强

后排左起：刘梦筠　王毓庆　程美琦

1953 年 4 月，樊庆笙应中国科学院院长郭沫若邀请去北京参加"中国科学院会议"，应邀的都是各个学科领域的首席科学家，讨论各学科建设的总体规划。1956 年，他和陈华癸合作完成了我国第一部农业院校微生物学教材《微生物学》，适应了中国第一个五年计划大规模经济建设的需要。随着微生物学的不断发展，两人合作的《微生物学》不断修订，内容不断更新，体系逐步完善。其中第三版、第四版分别适应 20 世纪 80 年代和 90 年代经济建设的需要，第五版是面向 21 世纪的教材。这本《微生物学》已成为一本有特色的被农业院校广泛使用的经典教材。

1955 年，樊庆笙被聘为中国科学院土壤研究所学术委员会委员

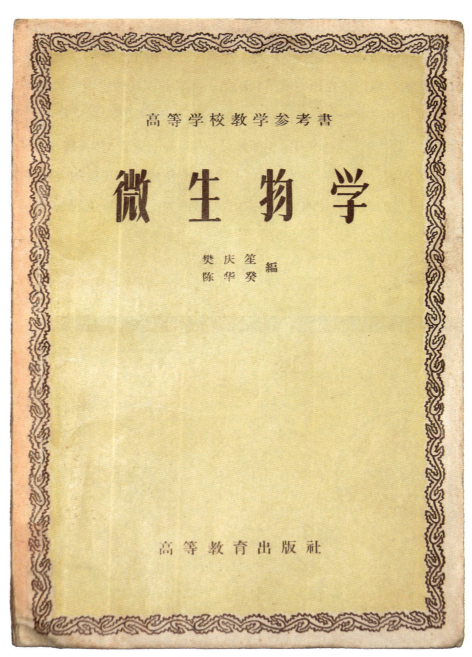

高等学校教学参考書

微 生 物 学

樊庆笙 编
陈华癸

高等教育出版社

1957 年，樊庆笙、陈华癸编著的《微生物学》

第四篇

身处逆境　矢志不渝

逆境中不忘报国

正当樊庆笙率领弟子们一步一步把中国的微生物事业做大、做强，向科研高峰攀登时，他却在 1957 年被错划为"右派"，被迫离开了他所热爱的讲台和实验室，下农村劳动。最令他痛心疾首的是，他精心培养组建的教学科研骨干队伍被拆散了，他视为生命的以根瘤菌共生固氮为主攻方向的宏大科研规划全部泡汤了。虽然他在 1959 年第一批脱帽，但仍属控制使用对象。他是个有鲲鹏大志的人，不甘于碌碌无为、虚度人生。当初在美国留学时，他改学细菌专业，就是看准了这门新发展的学科有不可估量的发展前景。从抗生素的提炼，到根瘤菌共生固氮以及食用菌、药用菌、发酵等各个领域都有广阔的发展空间，可造福于人民。可此时他像被捆住了翅膀的大鹏，想展翅翱翔却不能。

身处逆境的他，忍辱负重，只求奉献，不求回报。只要还给他工作做，哪怕一度分配他在实验室刷瓶子，他都仔仔细细刷得干干净净。作为我国农业微生物学的奠基人，20 世纪 60 年代他花费大量精力，编写了《微生物生理学》、《土壤微生物学》、《农业微生物学》、《固氮微生物学》、《微生物学实验》等多种教材，填补了农业院校微生物学教材的空白，但他从未写上自己的名字。他指导过一批又一批青年教师，耐心回答他们的问题，帮他们修改文稿、讲稿，纠正错误，润饰文字。他心无纤尘，置名利得失于度外，甘当人梯，扶植青年教师成长。他常对他们说："微生物科学事业，发展无限，要依靠年轻一代。只要你们事业有成，就是对我最大宽慰。"[1]

---

[1] 刘自强.忆樊师，难忘怀.《樊庆笙教授纪念文集》45-48.北京：中国农业科学技术出版社（2003）.

1960年南京农学院土壤农化系微生物学教研组全体教师
第一排左起：王一勤 崔秀芳 樊庆笙 刘梦筠 杜秀伟
第二排左起：顾本康 汪国斌 张金坤 白克勤 陆鼎彝
第三排左起：王盈芬 沈爱光 刘凤鸣 李惠君 娄无忌

　　在漫长的岁月中，他历经磨难，奋斗不止，矢志不渝。逆境中，他从未放弃努力，他是一个意志坚强、目标坚定的人。他始终没有忘记他的科研梦，他的拳拳报国之心丝毫未减。

　　实验室里的科研搞不成，他就到大田里去搞。从20世纪60年代末到70年代，还在"半靠边"的他，带领南京农学院部分教师，走遍大江南北、穷乡僻壤，推广菌肥、生物农药。他将微生物学的研究和应用扩展到病虫害防治，以及产生生物刺激素促进营养、刺激生长等许多方面。在他的指导下，应用选择性生物快速鉴别法和分离筛选法选取优良菌种，防治植物病虫害效果显著，成为可获得高产的技术措施。[1]

―――――――――

　　[1]《20世纪中国知名科学家学术成就概览》农学卷第四分册80-91.北京：科学出版社（2013）.

由于樊先生在学术界知名度很高，当时虽在"文革"时期，各地的农科所同志仍然经常远道而来，不避嫌地登门求教或请他去现场指导，他有求必应。头戴草帽、穿一身褪色旧中山装的樊先生，不辞劳苦，到处奔波，足迹遍及江苏各地，北至陇海线，东至黄海之滨。每到一地他都亲自动手，教农技员如何操作，他对农村青年技术员耐心讲解，使他们茅塞顿开。他帮助农民解决菌肥和生物农药生产及使用中的疑难问题，为农户排忧解难，深得农民群众的欢迎和敬重。他也从为农业生产服务中，为广大劳苦大众服务中找到了"用武"之地，收获了快乐。

据西南农业大学何庆邦教授回忆："当时先生虽身处逆境，但不计较个人得失和恩怨，经常深入农业第一线，着力菌肥的生产和推广。""从和先生谈话得知，先生很了解农村，更熟悉农民，和广大农村基层干部有着密切的来往和交往。""（我们）在苏北淮阴地区考察时，当地的基层干部和农技站的同志，多次提到和表扬南农的樊先生对他们帮助很大，菌肥在那里增产效果显著。"[1]

20世纪70年代，虽然他尚未被平反，但已被邀请参加江苏省微生物科技情报中心领导小组。

1976年江苏省水稻纹枯病大发生。生产出对防治该病有较好防效的新型农药——井冈霉素为当务之急。樊先生和中心小组成员迅速赶到广东引种，回江苏后立即组织多点生产。樊先生马不停蹄地赶往各县、市，进行指导，连续奋战三个月，终于赶在水稻纹枯病大面积发生之前，生产了300多吨井冈霉素，防治面积达1000多万亩，减少粮食损失10多亿公斤，得到省、市政府表扬。全省微生物界同仁公认："江苏省农业微生物科研和应用，在20世纪70到80年代居全国领先地位，樊老作出了巨大贡献。"[2]

[1]何庆邦.精辟论断科学，无私扶持晚辈.《樊庆笙教授纪念文集》108-109.北京：中国农业科学技术出版社（2003）.

[2]钱子春，周永才.学术上的好导师，事业上的好楷模.《樊庆笙教授纪念文集》106-107.北京：中国农业科学技术出版社（2003）.

二十年的艰苦实验，实现紫云英北移的宏伟目标

20世纪60年代初，为了改良土壤，提高粮食作物产量，农业部门提出了沤改旱（低洼地区，一年一季改为一年两季，冬季种绿肥、小麦或油菜，夏季种水稻）和旱改水（盐碱地通过灌水减盐，改种水稻）的农业耕作制改革。为配合这两项重大改革，樊庆笙教授抓住良机，决心在大田开展根瘤菌共生固氮的科学实验。他凭着坚实的科学理论知识，和丰富的生产实践经验，大胆提出用江南水乡的优质绿肥——紫云英，接种根瘤菌的方法，培育壮苗，提高抗寒能力，安全越过苏北寒冬。又结合田间管理，提高鲜草产量，增加了土壤中有机质，改善土壤通气保水，实施了利用根瘤菌固氮的科学原理，改良农田土壤，提高了粮食作物产量的宏伟计划。[1]他带领师生培育高效菌种，并多次亲临苏北里下河地区农科所和淮阴地区农科所示范指导接种根瘤菌的方法，经过多年艰苦的推广工作，终于取得初步成果，推翻了优质绿肥紫云英不能过长江的定论。

20世纪70年代，一次去淮阴地区考察时，他对现场的农技员说："你们看，紫云英以前只能在苏南生长，苏南地肥水美。广大苏北地区，尤其是徐淮，土地贫瘠。经过我们努力，紫云英不仅在长江以北落了户，而且在徐淮地区生了根、开了花，过了淮河。我这次跑了洪泽、金湖、淮安、淮阴等几个县，长势很好，真高兴啊！"他的眼里闪烁着兴奋的光彩，接着又提高了声音说："用紫云英根瘤菌固氮改良土壤，意义深远得很啊！我们还要继续努力推进，打过陇海线！跨过黄河！"[2]那架势好像是在指挥千军万马，

---

[1] 娄无忌文.

[2] 樊华.父亲的情结.《樊庆笙教授纪念文集》153–156.北京：中国农业科学技术出版社（2003）.

有不到长城非好汉的气势，在场的农技员和群众都被这个六十多岁的老人全身心扑在事业上的精神所感动。

1975 年摄于长城

他带着南京农学院的娄无忌、蔡大同等几位老师，栉风沐雨，深入田间，手把手指导广大农业科技人员一起选育菌种、接种、培植，不断总结经验，进行全面推广，逐步把紫云英的种植范围向北推进。经过近二十年的紫云英接种根瘤菌技术推广的艰苦工作，樊教授提出的紫云英北移的目标终于实现了——优质绿肥紫云英的栽种地域跨过了黄河，北至北纬35度，又沿着陇海线，一直挺进到关中地区。接种过根瘤菌的紫云英安全度过零下9摄氏度和连续4天零下7摄氏度的寒冬，平均亩产鲜草4000—6000斤，并获得大面积鲜草亩产6000—8000斤的高产，最高产量超万斤。[1]1976年栽种紫云英的新区总面积超过33万公顷，鲜草产量一般达22.5吨/公顷以上，高产田超过75吨/公顷。[2]

紫云英北移成功，是根瘤菌共生固氮的一项突破性成果，为我国广大地区提供了优质无公害绿肥，使土壤地力提高，有机肥增加，粮食大幅度增产，深受农民欢迎。这项科研成果于1978年荣获全国第一次科学大会奖。

---

[1] 娄无忌文.

[2]《20世纪中国知名科学家学术成就概览》农学卷第四分册80-91.北京：科学出版社（2013）.

1977年到西安地区考察接种根瘤菌后的紫云英生长情况
左起：程丽娟（西北农学院）、樊庆笙、郝余祥（西北农学院）、娄无忌

1977年樊庆笙、娄无忌和西安地区农业科技人员合影

年逾古稀的樊先生在田头考察豆科植物的根瘤

樊教授和周惠民在苏北田头考察

安徽枞阳的紫云英试验田

1991年4月在安徽宣城举行第四届国际紫云英学术讨论会，参会代表现场察看
紫云英田

安徽宣城生长茂盛的紫云英田

1994年4月在河南信阳举行第五届国际紫云英学术讨论会。身患重症未愈的樊先生带病参加，并做专题报告

1994年4月樊先生看到河南信阳接种过根瘤菌的紫云英生长非常茂盛，心中的喜悦难以言表

1994年4月樊先生接受记者采访

第五篇

涅槃重生　老骥伏枥

春天来了

　　1978 年 12 月，党的十一届三中全会的召开像春风一样吹暖了祖国大地。1979 年，樊庆笙的"右派"问题得到彻底改正。这位 1956 年就提交过入党申请报告的爱国知识分子，经过严酷漫长岁月的考验，身处逆境，砥砺前行，终于在 1980 年实现了多年的愿望——加入了中国共产党。他在入党志愿书上写道："我深感到党的正确、光荣和伟大，我要一心一意跟党再前进。虽然我的余年不会很长了，但愿本着对党的忠诚，申请加入中国共产党，为党和人民的事业贡献我的余生。"在批准他入党的支部会上，他激动地表示：愿将有生之年全部贡献给党。[1] 他把补发的工资全部交了党费。他对我们的母亲说："我要把失去的 22 年夺回来，权当自己是 47 岁，从头再来。"他用自己的行动履行了他的铮铮誓言，为此，他一直拼搏到生命的最后一息。

七十不老，从头再来

---

　　[1] 贾新成 . 为理想奋斗终生的樊庆笙教授 . 《樊庆笙教授纪念文集》67-68. 北京：中国农业科学技术出版社（2003）.

南京农学院复校

十年内乱中，南京农学院从南京搬到扬州与苏北农学院合并成江苏农学院，于是这座历史悠久，国内著名、国际知名的农学院就这样消失了。

党的十一届三中全会开启了我国改革开放和社会主义现代化建设的新时期。在南京农学院广大教职员工一致要求下，樊庆笙教授和南京农学院许多著名教授马育华、方中达、刘伊农、刘崧生等联名写信向中央有关领导和农业部反映南京农学院的复校要求。当时复校阻力很大，省里某领导认为江苏省只要有一个农学院就够了。樊庆笙教授利用到北京参加专业会议的机会，向出席会议的领导和专家多次呼吁南京农学院复校及申诉复校的理由，并向在北京的南京农学院老领导金善宝（时任中国农科院院长，全国人大常委会委员）和刘锡庚（时任农业部副部长）递交了南京农学院广大教职工要求复校的签名信，经过多方努力，终于得到中央领导和农业部的重视和支持。1979年，南京农学院终于复校。

临危受命，挑起重建南农重任

1981年4月，樊庆笙被任命为南京农学院院长，这时他年已古稀。南京农学院胜利复校了，但十年浩劫，在宁校舍、农场被占领，除绝大部分骨干教师、职工从扬州归来外，仪器设备、图书资料等绝大部分带不回来，可以说是白手起家。学校面临重新起步建设的关键时刻，虽已七旬而身体尚健的樊老，勇于挑起了院长重任。[1]樊先生说："委以重任，难以推辞。南农刚复校，

---

[1]徐光德，周邦任.对樊老主持学校工作的追忆.《樊庆笙教授纪念文集》 88-89.北京：中国农业科学技术出版社（2003）.

为了把失去的 22 年夺回来，加倍工作

百废待举。不把这座曾是国内领先、国际知名的农学院教学、科研搞上去，愧对国家和人民。我身体还好，干上几年，把年轻人培养出来就好了。"[1]于是他不得不搁置酝酿已久的科研和写作计划，投入重建南京农学院的繁重工作。面对着一个搬得七零八落的烂摊子，摆在他面前的工作千头万绪。一切从头开始：校舍要重建，设备要更新，教学要整顿，师资要培训，科研要搞上去。他殚精竭虑地为学校的重建和发展而日夜操劳。

在农业部党组、中共江苏省委和院党委的领导和支持下，20 世纪 50 年代就主管过全院基建工作的樊庆笙先生，借鉴以前的经验，首先主持制订了学

---

[1] 黄肇曾 . 芍药无言年年红，怎知人间永别情 .《樊庆笙教授纪念文集》 143-144. 北京：中国农业科学技术出版社（2003）. 樊真美补充：父亲说过，南京农学院曾是国内领先、国际知名的院校 . 不把教学和科研搞上去，对不起国家和人民 .

校发展规划和校园基本建设规划，初步确定学校规模为本科生 5000 名，研究生 500 名。接着他主持规划新建 8093 平方米的图书馆，12 461 平方米的实验大楼，6428 平方米的培训部大楼，并决定在江浦农场新开辟千亩试验区。建成的图书馆可藏书 100 万册，是当时全国农业高等院校中面积最大，设施最好的图书馆。实验大楼建成后，由樊庆笙亲自主持决定全校大豆、植物病理、动物生理生化、农业微生物、作物营养等十个重点研究室进驻。[1]

樊院长还亲自出马，四处联系，先后争取到世界银行两笔贷款，用于购买高档仪器设备，为这些重点实验室取得丰硕的科研成果奠定了物质基础。在建设新校园的同时，要让回来的教师有住所，学校还每年新建教职工宿舍 2-3 幢，逐步改善师生的学习、工作、生活条件。仅仅两年，学校的面貌焕然一新。

高等学校是为祖国培养人才的地方，教学工作是学校的中心工作。新学期开始前，樊院长必定亲自审查各系的教学大纲和师资配备。开学时老院长亲自给新生讲话，并深入学生宿舍，和同学们促膝谈心，听取他们的要求和反映，激励他们为实现祖国四个现代化而发奋学习。为了和师生们有广泛接触的机会，在他的推动下，院长办公室和有关行政部门都搬到教学区内，便于他经常深入各系科，了解教学情况和师生们的反映。

由于"文革"十年造成的闭塞，教师们对国内外微生物学的进展知道甚少，为了尽快和世界水平接轨，迫切要有一本新教材。1979 年，樊庆笙教授领导并主持了《微生物学》（第三版）的修订。与前面两版比较：增加了分子生物学的发展历史和基础理论；将微生物三大分类：细菌、真菌、病毒，分章阐述；对生物固氮研究在近二十年的重大发展做了重点介绍；对微生物学的最新研究成果在农、林、牧、渔业、医药业及环境治理等的广泛应用做了全面介绍。《微生物学》（第三版）适应了 20 世纪 80 年代国家经济建设的需要。

---

[1]徐光德，周邦任.对樊老主持学校工作的追忆.《樊庆笙教授纪念文集》 88-89.北京：中国农业科学技术出版社（2003）.

全国高等农业院校试用教材

微 生 物 学

陈华癸　樊庆笙　主编

农学、土化专业用

农 业 出 版 社

1979 年陈华癸、樊庆笙主编的《微生物学》（第三版）

1981 年 4 月樊庆笙教授出任南京农学院复校后的院长

工作中的樊庆笙教授

1985 年南京农业大学土壤农化系农业微生物学教研室全体教师
第一排左起：殷永娴 林佩真 樊庆笙 文永昌 李惠君
第二排左起：肖乃华 娄无忌
第三排左起：黄为一 李顺鹏 卫雪民 李玉祥 沈标 蒋华平 刘友华 周惠民

培养高水平教师，提高科研水平与世界先进水平接轨

　　农学院的教师多年在农村劳动，信息闭塞，知识老化。要培养高质量的学生，首先要提高师资水平。1980 年 6 月，受农业部委托，南京农学院和华中农学院合作，在南京农学院举办了"全国农业院校微生物学讲师以上师资讲习班"，邀请了全国微生物学的知名专家，为 100 多位教师讲授国外微生物学研究的新进展和新技术的应用。当时南京农学院刚复校，条件很差，讲习班的学员们住学生宿舍，睡双层床。樊院长亲自到一个个宿舍看望大家，鼓励他们要抓住机会多学点新知识，以后才能更好地工作。端午节到了，樊老又动员全家包了

100多个粽子，带来学校，和大家一起欢度端午节。望着这位德高望重的老院长，学员们由衷敬佩。他们像久旱逢甘露，如饥似渴，学习积极性很高。经过一个多月集中学习，缩短了微生物学知识和国外的差距。明确了农业院校微生物学教学的新起点，提高了教学水平。樊庆笙、陈华癸根据讲习班的演讲和科研成果主编的《微生物进展》成为当时微生物学的最新参考书。

为了提高科研水平，和世界先进水平接轨。樊院长大胆采用"请进来"的方法，请外籍专家来院讲学。1980年9月—10月，他受农业部委托主持举办了"全国第一期厌氧微生物学讲习班"，请美国加州大学"Hungate厌氧技术"的发明人R. H. Hungate（亨格特）教授和尤爱达博士来校讲学，随后在南京农学院建立了全国第一个厌氧微生物学实验室，培养了我国第一批从事厌氧微生物学研究的技术人才。

前排右一樊庆笙教授，右二亨格特教授

1982年，樊院长又主持了"全国第二期厌氧微生物学讲习班"和"全国微生物生理生化讲习班"，请美国加州大学Doi教授和尤爱达博士来校讲学，在国内首先把厌氧微生物学的研究和应用推向环境治理领域。

他的目光始终瞄准世界先进水平。为了缩短国内农业院校和世界先进水平的差距，在他的呼吁下，1985年9月—1986年6月，农业部委托他和中国农业大学李季伦教授在南京农学院共同主持了全国重点农业院校"微生物遗传和生物技术硕士研究生班"，时间一年。樊院长邀请了美国加州大学Doi教授和尤爱达博士来校讲学，并带领学生进行了分子生物技术实验操作的学习，为把我国农业微生物学研究提高到分子生物学水平奠定了基础。

图为南京农学院微生物学系部分教师和研究生及外教合影
前排左一尤爱达、左二娄无忌、左三石万龙、左四李惠君
后排左一樊庆笙、左二Doi、左三曲章义、左四潘迎捷、左五余群新、左六沈爱光、左七蒋小婉

一代宗师

为了尽快培养出一批高水平教师，樊院长创造一切条件扶植中青年教师成长。他千方百计，以自己在学术界的声誉和名望为他们写推荐信，联系学校，送到国外进修。他宽容大度，对于曾在运动中批斗他的"左派"不计前嫌，一视同仁，送出国深造。他要求教师要熟练掌握 1 至 2 门外语，为了让教师能脱产参加英语培训，70 多岁的老院长顶班给百余名学生上大课。

70 岁的老院长亲自给本科生上课

给本科生授课

给进修教师上课

和学生促膝谈心

关心下一代

樊教授十分重视对研究生的培养。在百忙中他亲自制定研究生的培养计划，不管多忙，他始终坚持为研究生上课，组织他们讨论，解答疑问，定期检查他们的学习和研究情况。他对研究生的要求非常严格。每天早上到校，他不进办公室，先进实验室，了解研究生的实验进展情况，如发现有不规范的操作，立即亲自示范，手把手进行纠正。他要求研究生不论晚上工作到多晚，做完实验一定要收拾得整整齐齐。如果发现实验室的清洁不合要求，定要对他们提出严肃的批评教育："保持实验室的整齐和清洁是反映科学态度的基本条件之一，因为实验室的不整洁必然会影响到实验的顺利进行，影响实验结果的精确度和可信度。"[1] 他呕心沥血指导青年人成长，告诫他们："科学研究是一项很艰苦的事业，要有充分的思想准备，你们要打好基础，基础牢，发展后劲就足。"[2] 他的博士生都要进行中期考核，不合格予以淘汰。所以研究生们都努力进取，丝毫不敢放松。在他的最后 20 年，他的研究生写出了上百篇论文，大到拟定课题、提出方案、具体措施，小到外文修辞和语法上的错误，他都耐心地具体指导。"他培养的研究生质量都很高，研究生们也以是他的亲传子弟而自豪。"[3] 在生活上又对研究生关怀备至，对已婚的，想方设法帮助解决临时住房和爱人调动；对外地的研究生，每逢佳节常把他们召到家中聚餐，这往往又成了师生畅所欲言和切磋学问的聚会。在 20 世纪 50 年代，他为国家培养了 9 名硕士研究生。从 1978 年恢复招研究生开始的 20 年间，他为国家培养了硕士研究生 24 名，博士研究生 11 名。他们不愧是"名师出高徒"，都早已成为高等院校或科研机构的学术带头人和业务骨干。

---

[1]娄无忌.严师 慈父.《樊庆笙教授纪念文集》53-55.北京：中国农业科学技术出版社（2003）.

[2]潘迎捷.樊老是我事业的引路人，是我永远的恩师.《樊庆笙教授纪念文集》69-70.北京：中国农业科学技术出版社（2003）.

黄为一.往事如烟 思念萦怀.《樊庆笙教授纪念文集》61-64.北京：中国农业科学技术出版社（2003）.

[3]李宗道.终身的老师，永远的榜样.《樊庆笙教授纪念文集》9-11.北京：中国农业科学技术出版社（2003）.

恢复高考后樊庆笙教授和刘梦筠老师招收的第一批78届和79届硕士研究生
前排左起：黄为一 樊庆笙 刘梦筠 樊华
后排左起：贾新成 李德生 刘瑞龙 杨红

樊教授在实验室指导科研

1986年微生物学系部分教师、研究生和樊教授合影
左起：谢涟琪 李惠君 殷永娴 娄无忌 李德明 樊庆笙 王义炳 蒋廷惠 李顺鹏 杨国平 陈金标 张春兰

　　他是一个视工作为生命的人，为了不耽误工作，将自己的病痛置之度外。一天夜里他腹中剧痛，家人要送他进医院，他坚决不肯，因为第二天要主持博士论文答辩。第二天他忍着剧痛到论文答辩结束后再去医院，盲肠已穿孔，立即手术。术后刚拆线，身体还未恢复，就一定要出院，当医生们知道眼前这位老人是中国首批青霉素研制者和命名者时，敬佩不已，规劝他待身体恢复了再出院，可他执意不肯，因为院里许多工作等他去处理。

1989 年樊庆笙教授在刘生浩博士论文答辩中提问

1997 年樊庆笙教授在王楠博士论文答辩中提问

两袖清风　廉洁一生

年届 70 的老院长每天早晨 7 点从家里出发乘学校的交通车上班，下午乘交通车回家。学校按规定可派小车接送，他坚决不要，说坐大巴可以接触群众，了解群众的意见和要求。有时下午开会迟了，交通车已开走，他仍不肯要小车送，自己走到卫岗，再乘公交车回家。

院长管的事千头万绪：学校的规划与基建，师资队伍建设和教师的培训，学科建设，科研水平的提高和创新，搭建国际间合作和交流的桥梁……大事小事，不胜操劳。他还要为本科生和研究生上课，每天的工作日程都排得满满的。中午他把家里带来的一盒饭菜，在电炉上热一下，草草就结束了一日的"正餐"。然后往藤椅上一靠，两腿往凳子上一架，休息片刻，打个盹儿，又开始下午的工作。尽管学校给他安排过午休房间，但他为了节省时间，从未去过。

晚上回到家晚饭后，每天 19 点的新闻联播雷打不动，他必看。接着又开始晚间工作。在灯光下他带上老花眼镜仔仔细细审阅研究生和青年教师的论文、翻译稿。在上百篇文稿上都留下他密密麻麻的修改字迹。甚至对外校的学者，他都鼎力帮助。北京农林科学院的张美凤女士，为了开展我国对内生菌根的研究，将英文版的 *The Endogonaceae*（一种内生菌根的拉丁文名）*in the Pacific Northwest*（太平洋西北）译成中文。因翻译难度大，想请樊老校阅又担心他能否答应，不料一提此事，樊老即一口答应，连开几个夜车对翻译稿逐字逐句地仔细修改，还趁去北京开会时找她面谈，对修改之处进行详细说明。百忙之中的樊院长不顾辛劳尽全力支持我国菌根事业的发展，热心扶助青年学者成长，使张女士深受鼓舞，更令众人敬佩。[1]

---

[1] 张美凤.学习樊老牺牲自己成全他人的精神.《樊庆笙教授纪念文集》138.北京：中国农业科学技术出版社（2003）.

为了夺回失去的 22 年，他完全忘记了自己的年龄，每天像年轻人一样，早出晚归，东奔西走，工作十来个小时，乐此不疲。

　　他一生清廉。他的院长办公室没有沙发和摆设，只有一张旧办公桌、三张藤椅、其中两张已破。外出开会乘船，他不肯坐二等舱，而要和大家一起坐三等舱。他写稿用的纸常常是旧讲义翻过来用。他说要节约每一分钱，把它们用在教学科研上。他把出国访问的津贴都一起买了仪器、图书送给学校。

　　尽管南京农学院陆续建了不少教工宿舍，可他从未申请过要调整住房，一直住在 20 世纪 50 年代造的年久失修的旧房里。

为办农业微生物小组访向英国购回的书籍及仪器目录

书籍五种 —— 交给图书馆编用

Introduction to Fungi 2nd Ed.　　　　　£ 10.95
Soil Conditions & Plant Growth 10th Ed.　£ 16.95
Plant Virology　　　　　　　　　　　　£ 10.50
Genetics　　　　　　　　　　　　　　　£ 7.95
Cell Biology & Biochemistry　　　　　　£ 4.50
自动定量吸管 一套 ⎫　　　　　　　　　£ 150.00
DEAE-Cellulose 500g ⎪
手提式幻灯片机　一只 ⎬ 交给微生物　　　£ 27.00
　　　　　　　　　　⎪ 教研组登　　　　£ 6.99
机械绘图器 一付 ⎪ 记使用
碳板色笔　2枝 ⎭　　　　　　　　　　　£ 3.50
　　　　　　　　　　　　　　　　　　　£ 1.06
　　　　　　　　　　　共计
　　　　　　　樊庆笙　　1982. 4. 15

1982 年樊庆笙教授访问英国时，用外汇津贴给学校购买的仪器和书籍的目录

樊庆笙同志

　　在四化建设中成绩

显著决定授予劳动模范

称号

特发此证

发扬优良传统
争取更大光荣

劳动模范

1980 年樊庆笙教授获得南京市劳动模范称号

第六篇

牟线搭桥　融贯东西

改革开放后，樊庆笙教授多次应邀出席国际学术会议，先后在国际固氮会议、国际紫云英会议、国际应用生物学和生物技术会议及国际食用菌会议上作学术报告，并多次率团出国访问和考察，广泛与国外知名大学开展校际交流，为南京农学院和这些世界名校建立良好的校际合作关系，为扩大南京农学院在海内外的影响作出了贡献。

1981年，美国康奈尔大学昆虫系主任史密斯访问南京农学院，受到樊庆笙院长的热情接待。南京农学院的科研处领导和教授们与史密斯教授进行了亲切的座谈和交流，重启并延续了南京农学院和美国康奈尔大学悠久的校际合作关系。

史密斯访问南京农学院，参会者的合影
前排左起：沈丽娟 史密斯 樊庆笙 方中达 ×××
后排左起：尤子平 夏祖灼 张孝義

1980 年樊庆笙教授率团赴澳大利亚参加第四届国际生物固氮学术研讨会

1980 年 11 月，受澳大利亚第四届国际生物固氮学术研讨会组委会邀请，农业部派出了以樊庆笙教授为团长的 5 人代表团赴会。这是改革开放后，农业部派出的第一个出国代表团。当他们出现在会场上时，引起了参会各国代表团的注目，友好的、好奇的、怀疑的都有。

当樊教授根据紫云英北移成功，利用紫云英接种根瘤菌共生固氮，增加粮食作物产量的科研成果，用流利的英语作了"接种有效根瘤菌是中国紫云英种植面积向北方扩张的关键"的学术报告时，详细的数据资料和严谨的理论依据，得到各国代表的赞赏，大厅里响起热烈的掌声。

代表团成员周俊初在"跟随樊教授赴澳访问二三事"中写道[1]："访澳期间，樊先生处处以身作则，严格遵守外事纪律。当年澳方除承担与会代表的全部交通费和食宿费外，还给每人发了 250 澳元的生活补助费用于个人日常消费。但按当时国家有关规定，公派短期出国人员每天可按一美元报销个人生活补助费外，在境外获得的资助应全部上交。樊先生严格按规定办，到我们回到北京农业部报账时，将澳方发的 5 人生活补助费 1250 澳元全部上交。"

---

[1] 周俊初.跟随樊庆笙先生赴澳访问二三事.《樊庆笙教授纪念文集》137.北京：中国农业科学技术出版社（2003）.

会后参观西澳大学合影
左起：闵三弟 周俊初 里景伟 Dvis（美国）樊庆笙 葛诚

樊庆笙教授与悉尼大学校长 L.M. Vincent 教授在西澳大学合影

1982 年 3 月参加农业微生物组赴英国考察农业微生物和生物固氮的科学研究

樊庆笙教授和陈华癸院士访问英国玻璃房栽培研究所，和英国土壤微生物学专家讨论植物根系微生物（樊先生原文）

樊庆笙和陈华癸访问约翰因内斯学院（John Innes Institute）英国皇家学会会员、遗传系主任 D.A. Hopwood 教授的实验室

樊庆笙和陈华癸访问格拉斯哥大学（University of Glasgow），和该校教授座谈

1983 年 4 月，樊庆笙教授率团考察美国高等教育

由于康奈尔大学和金陵大学悠久的历史关系，经他们多次邀请，南京农学院派出以樊庆笙为团长的 5 人代表团赴美考察美国高等农业教育的教学、科研、学校管理。首先访问位于纽约州的康奈尔大学和位于印第安纳州的普渡大学，第三站是位于威斯康星州的威斯康星大学，最后一站是位于加利福尼亚州的加州大学。

这次考察，使樊庆笙得到重返威斯康星大学的机会，40 年过去，沧桑巨变，物是人非。但 40 年前的情景一幕幕在他脑海重演。他在这所位于密歇根湖畔的大学度过三年，不曾外出游览过一次。即使在很长的暑假里，他都整日泡在图书馆和实验室里，遨游在知识的海洋中，或在显微镜下探求微生物世界的奥秘，从一次次失败到成功的实验中得到最大的快乐。机遇总是垂青有准备的人。他的导师 John Stauffer 当时正巧是威斯康星大学研制盘尼西林 14 人小组的领导人之一。

这使他看到了回国研制盘尼西林的契机，但是小组的工作是保密的。他只能从已经公开发表的资料上，查阅有关研制盘尼西林的信息，并趁机会向导师学习了用丁醇萃取盘尼西林的方法，做好回国研制盘尼西林的一切准备，闯过重重难关，终于实现了报效祖国的愿望，使中国成为最早研制成功盘尼西林七个国家之一。

在这次考察中，樊先生看到在美国生物学的研究早已进入分子生物学时代，而我们的学科还停留在细胞水平上。分子生物学的建立是自 DNA 科学研究方法引进后，生物科学发展的又一次"质"的飞跃。樊先生敏锐地指出："生物的分子水平研究，使人们对生命的认识进一步向微观深入，由现象向本

质迈进，成为现代生物学的生长点。"[1]他预示，生命科学的跃进，必带动整个农业和医药事业的发展和进步，接着引起的一系列重大变革尚不能完成预知。我们必须抓紧时间，奋起直追世界先进水平。回国后，他立即向农业部汇报，经同意 1985 年 9 月，他在南京农学院举办了"微生物遗传和生物技术硕士研究生班"（学员是从高校和科研机关选派来的年轻学者），学制一年，抓紧时间为国家培养了一批研究分子生物学的技术人才。

---

[1]樊庆笙.生物学.《中国农业百科全书》（生物学卷）1-6 .北京：农业出版社（1991）.

樊庆笙教授访问美国康奈尔大学

在威斯康星大学，代表团受到隆重接待，这是樊庆笙教授和夏祖灼教授在校长欧文·谢恩（Dr.C.l）家里作客

访问加州大学分校细菌实验室（樊先生原文）

参观美国普渡大学
左一樊庆笙、左二夏祖灼、左四沈丽娟

1991 年 1 月赴德国考察高等教育

1991 年 1 月樊庆笙访问柏林自由大学，和大学副校长 Prof. Dr. W. Reutter 亲切友好地会谈

1991 年 1 月樊庆笙教授访问德国吉森尤斯图斯 – 李比希大学，参观实验室和 Prof. Dr. Dr. P. Nowacki 双博士教授和夫人合影

Besuch aus China bei JLU-Sportmedizinern

Gäste bei Nowacki – Studentenaustausch möglich

Frau Dr. Hua Fan, Prof. Fan Qingsheng und Prof. Nowacki im Arbeitszimmer des Gießener Professors. Bild: Jung

樊庆笙教授访问吉森尤斯图斯－李比希大学的照片刊登在"尤斯图斯－李比希大学论坛"上

樊庆笙访问吉森尤斯图斯－李比希大学微生物和分子生物学研究所，和所长 Prof. Dr. Dr. G. Hobom 双博士教授亲切交谈

通过在美国、德国等大学的考察和访问，樊庆笙了解到国外同类学科发展的先进水平和学术前沿，认清了国内外的差距，明确了学科的发展思路，认识到要追赶世界先进水平，必须从基础学科抓起。回国后他立即部署加强遗传学、植物生理、生物化学等基础学科的建设，并着手筹建生命科学、资源环境、食品加工等新专业。这次考察和访问，亦为南京农学院恢复和建立新的校际关系，推动南京农学院各学科的国际合作和交流，发挥了独特的作用。在访问期间，南京农学院和上述几所美国名校达成友好合作的愿景，并与美国康奈尔大学商定互派访问学者和研究生的协议，为青年教师出国进修开辟了渠道。据统计，樊庆笙任院长期间共派出 60 多位教师出国进修或继续攻读学位，他们中绝大部分按时回国，使南京农学院的教学、科研水平踏上了一个新的台阶。

1991 年，樊庆笙教授虽已不当院长了，由于他在国际学术界的威望，他访问德国几所大学时，都受到热情接待。柏林自由大学还赠送给南京农业大学价值 3000 多欧元的仪器，并和南京农业大学商定了互派访问学者和研究生的协议，于 1993 年、1997 年、1998 年先后接收南京农业大学生命科学院两位研究生、一位教师到柏林自由大学进修，攻读博士学位。

樊真美回忆

对荣誉和名利,父亲总是谦让,对自己的贡献从不张扬;但对科学上的是非,他决不含糊,特别对伪科学,坚决揭露。1980年一天晚上,一陌生人找到父亲家里,自报家门后,王某拿出一堆枝枝蔓蔓的植物,声称他发明了用磁化的方法来激发出根瘤菌。对陌生人的来访,父亲向来是热情接待,吩咐我上茶。他仔细看了王某带来的东西,耐心地指导文化程度不高的王某:"做农作物实验,土壤先要灭菌,要设对比实验组,做出的结果要经过严格的科学鉴定,不是根系上长出疙瘩就肯定有根瘤菌。"可是王某不听,四处活动,居然得到省科委某些人的支持,他们未经科学鉴定,就将王某的"成果"——所谓"根瘤"的图片和文章登上了1981年《自然杂志》第三期的封面、封二和头版,还加了评论员文章,"一个引人瞩目的人工固氮实验结果——生物磁学工程的新成就",声称"在磁和植物生理学方面,为我们打开了一个突破口,开辟了一个前进阵地。"[1]一时引起国内外生物学界不小的轰动。

人工固氮是国内外多少科学家梦寐以求想要解决而未解决的问题,不知情者真以为解决了这个世界难题。这个"引人瞩目的人工固氮实验结果""能使小麦、玉米、向日葵、茄子、芹菜、黄瓜、丝瓜、冬瓜等多种作物都长出根瘤"[2],从此种这些庄稼不用施肥了。懂行的人对这篇既无理论依据又无科学鉴定的文章表示怀疑。但是20世纪80年代初,知识分子还心有余悸。樊先生根据自己鉴定的结果,认定王某提供的样品里没有根瘤菌。这就得罪了支持王某的某些人,他们仗着后台硬,肆无忌惮。一次樊院长正在南京农学院主持会议,王某和记者冲进会场,对他大加责难,指责他压制小人物。这在今天看来是不

---

[1][2]《自然杂志》.1981年第4卷第3期.封面、封二及163-164.

可理喻的事，可当时"文革"的遗风还在，最后南京农学院党委书记出面好不容易才把这些人请出会场。在一些不懂行又不负责的记者的炒作下，某权威日报1981年12月22日头版头条新闻报道南京市民王某"在专家指导下取得突破性实验成果""人工诱发非豆科植物固氮根瘤成功"。一时王某成了新闻人物，国内多家主流媒体，转载了这一新闻，同时对樊庆笙进行了不点名的批判。当时我们真担心刚获"改正"不久的父亲又陷入新的困境，而父亲对着来自各方的无端指责，他坚信假的真不了，顶住压力，从容以对。终于他的观点得到许多专家的支持，1982年1月，在南京农学院召开人工诱发固氮根瘤鉴定会，邀请了国内外知名专家、教授前来鉴定，证实了人工诱发的瘤状物，非根瘤菌而是线虫虫瘿。此权威日报于1982年1月19日载文宣布"人工诱发非豆科植物固氮根瘤成功，缺乏科学根据，报道失实""今后刊登这类新闻、文章的时候，一定多听取科学家同志们的意见，防止类似错误继续发生"。

谁都以为科学终于战胜了谬误。哪知王某不死心，他在江苏碰了壁，又跑到河南新乡刘庄去搞试验田，他文化不高，活动能量却很大，居然得到一些不懂行记者的同情。记者闻某的报告文学"第X大发明"发表在《当代》1985年第4期上，上述权威日报也竟然于1986年2月14日第8版又刊登了闻某的报告文学"绿色革命序曲"。文中写道："世界上第一次人工诱发根瘤组合菌液拌种的大田推广实验，在河南新乡县刘庄进行。全世界多少科学家和科研机构，经过一百多年的奋斗，花了无数资金、人力没有攻下的难题，如今由中国的王某在刘庄的400亩麦田取得了确凿无疑的答案。"文章作者最后竟然忘乎所以地写道："让我们为中国人今天的一项大发明欢呼吧！……人类科学发展史将会用金字写上这一页的。"

一时王某划时代的"成果"又被炒得沸沸扬扬，引起了科学家们的震惊。没有经过严格科学鉴定的"成果"怎么能乱吹牛？靠不懂行又不负责的记者笔下生花，胡吹一通，其结果是在国际上再次造成恶劣影响。

陈华癸、樊庆笙等国内 29 名知名科学家联名写信给此报社编辑部，指出："王某的人工根瘤回接成功的问题，至今没有一个科研机构提出过正式研究报告，而报告文学却连篇累牍地刊登了，科学是老老实实的学问，报告文学则应报道真实的情况。……科学上的是非，只能通过正常的百家争鸣，严格的科学实验和同行专家的评议来认定和解决。我们欢迎作家和新闻工作者关心科学工作，但对自己并不懂得的科学问题，特别是一项试验尚无科学结果时，就通过自己的作品来判定是非，宣布成功，是不可取的。"此权威日报于 1986 年 3 月 11 日全文刊登了科学家的来信。这一场由少数人导演的伪科学闹剧终于收场了，科学真理战胜了伪科学。樊庆笙教授不唯上、不怕压，求真务实的精神，得到大家敬佩。陈华癸院士在怀念挚友樊庆笙的文章指出："庆笙教授，巍然而立，揭露谬误，捍卫真理。他带领全国同行，粉碎了嚣张一时的伪科学闹剧。庆笙教授爱憎分明的高尚气节是学术界的一个光辉榜样。"[1]

---

　　[1] 陈华癸. 怀念科教生涯中的挚友樊庆笙教授.《樊庆笙教授纪念文集》4-5. 北京：中国农业科学技术出版社（2003）.

一身正气的樊庆笙教授坚决抵制伪科学，面对无端的指责、攻击，他从容以对

第八篇

硕果累累　誉满学界

博学多才的微生物学家

微生物学家樊庆笙，博学多才，不仅通晓微生物学各个领域——抗生素、食用菌和药用菌、生物固氮、发酵等，而且涉及生物学知识的其他领域，从最大的植物群体——森林，到最小的微生物他都熟知。先后从事植物学、植物分类学、植物病理学和农业微生物学的各科教学和研究。1984 年，他被聘为《中国农业百科全书·生物学卷》编辑委员会主任，组织了该书的编写。他不仅亲自写稿、审稿、校对，还写了卷首文章《生物学》。他以高远宽广的视角，俯瞰全局，为研究这门学科提供开启知识之门的钥匙。他指出"生物学是研究生命现象及其运动规律的科学，又称生命科学"，然后用高度概括而简练的文字阐明了生物学的形成与发展史，特别是文明古国之一的中国生物学发展的悠久历史和对人类进步的贡献。接着介绍了 17 世纪以来生物学的进展和两次跃进：第一次是 19 世纪进化论的确定；第二次是 20 世纪中叶分子生物学理论的建立。文中突出阐明了研究生物学的基本观点和分科，以及生物学的研究方法，并指出当今世界生物学的发展趋势："生态系统和生态平衡的概念，将推进生物学向综合性和宏观方向的研究。"

他还被聘为《中国大百科全书·生物学》编委。

他的学术成就载入《20 世纪中国知名科学家学术成就概览·农学卷》。

他还被聘为中国微生物学会理事兼农业微生物专业委员会主任、江苏省微生物学会理事长、中国土壤学会理事、中国生态学会理事、中国食用菌协会名誉会长，国际紫云英学会会长以及中国农学会会员、林学会会员、植物病理学会会员、植物学会会员、美国细菌学会会员。

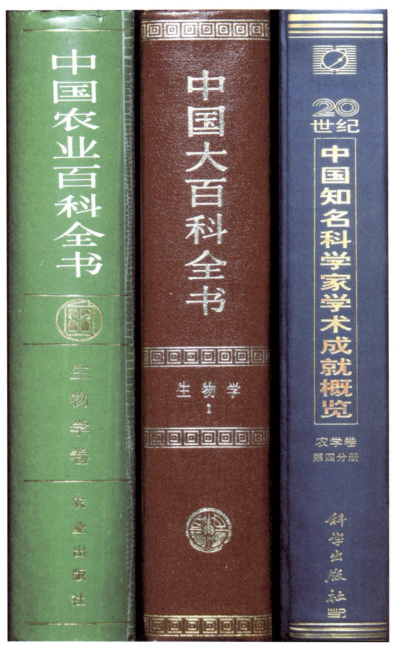

樊庆笙主编的《中国农业百科全书·生物学卷》，参与编写的《中国大百科全书·生物学》，其学术成就载入《20世纪中国知名科学家学术成就概览·农学卷》

1990年《中国农业百科全书·生物学卷》部分编委（摄于南京农业大学）
左起：沈丽娟 彭佐权 樊庆笙 陈华癸 夏祖灼

1990年樊庆笙和陈华癸在南京农业大学为《中国农业百科全书·生物学卷》
审稿休憩时

身为中国食用菌协会名誉会长，他引领和指导中国食用菌事业的发展

身为中国食用菌协会名誉会长的樊庆笙教授，对中国食用菌事业的发展前景充满信心。他满腔热忱地对科技人员说："中国是食用真菌和药用真菌的资源库，在湖北神农架就有可食用的真菌 300 多种，现在才利用了 10 种。许多优质野生菌种需要驯化栽培，丰富的资源需要新的技术去开发利用。在食用菌产业的发展中，科研人员将是大有作为的。"[1]

20 世纪 70 年代，他为了帮助各地、县建立食用菌生产基地，走遍大江南北，亲临各实验点，指导农技员工作。樊教授先后在南京、张家港、扬州、南通等地召开食用菌学术交流大会，总结推广食用菌人工栽培经验。他还开展了食用菌生理生态、菌种优化和野生菇驯化等研究。根据食用菌生态研究的成果，在他的直接指导下，进行了食用菌栽培技术的研究，从而改进了栽培技术，提高了食用菌的生物量，应用杂交技术培育了香菇、金针菇等食用菌优良品种，并进行了野生松乳菇的人工栽培，经过生态条件的调控，获得了子实体。[2]

---

[1]《20 世纪中国知名科学家学术成就概览》农学卷第四分册 80-91.北京：科学出版社（2013）.

[2] 李惠君，林佩珍，肖乃华，殷永娴，娄无忌.烈士暮年 壮心不已.《樊庆笙教授纪念文集》95-97.北京：中国农业科学技术出版社（2003）.

1984 年，在他的领导下，江苏省食用菌领导小组制定了全省食用菌技术开发和有关机理研究的中长期规划，他倡导创办了《江苏食用菌》杂志，并任主编，不久又被聘为《中国食用菌》杂志副主编。虽然那时他已 70 高龄，仍不辞辛苦，不论盛夏和寒冬，定期到各个栽培基地进行现场指导。由于科学栽培方法的普遍推广，措施得力，不仅使江苏省食用菌生产得到快速发展，也推动了全国食用菌生产和科研上了一个新的台阶。

1987 年 11 月樊庆笙教授在上海举行的第三届全国食用菌学术讨论会上作报告

现场考察食用菌生长情况

田间交流

樊庆笙教授在食用菌事业卓有成效的工作和科研成果，引起了国内外同行很大的兴趣，外国专家纷纷要来中国"取经"。1989 年 11 月，樊庆笙在南京主持了"第一届国际食用菌生物技术学术讨论会"，并做了"中国食用菌生物技术的回顾和发展"的专题报告，阐述了中国栽培和应用食用真菌、药用真菌的悠久历史，以及在食用真菌的驯化、栽培、选种和药用真菌的生产和应用等方面独创的新技术和科研成果，确立了中国在世界食用菌研究和生产水平的先进地位。

为了推动以创新的生物技术来促进食用菌事业的发展，大会组织各国专家、学者进行了深入的研讨，广泛地交流了经验和技术成就。会后樊庆笙教授根据大会收到的各国食用菌学者提交的论文 200 多篇编写了《国际食用菌生物技术学术讨论会论文摘要》，供食用菌工作者使用和参考。

1988年1月在南京召开国际食用菌生物技术学术讨论会筹备会议，樊庆笙教授与参加筹备会议的代表合影
左起：徐幼广（江苏省科委）、张树庭（香港中文大学）、洛松（澳大利亚）、莫里托尔斯（德国）、樊庆笙、卜华祥（江苏省微生物研究所）

1989年11月樊庆笙教授在南京举行的国际食用菌生物技术学术讨论会作专题报告

会议期间，樊庆笙教授还在百忙之中抽空对来自基层的科技人员进行了交谈和指导，对浙江元庆县和常山县的食用菌生产给予了鼓励。樊庆笙教授将深厚的微生物基础理论融合民间食用菌生产技术进行了通俗的讲解，菇农根据他的理论解释，弄清了机理，获得了真知，为当地食用菌产业发展做出了贡献。如今这两个县的食用菌生产已形成规模，成为了当地的支柱产业。

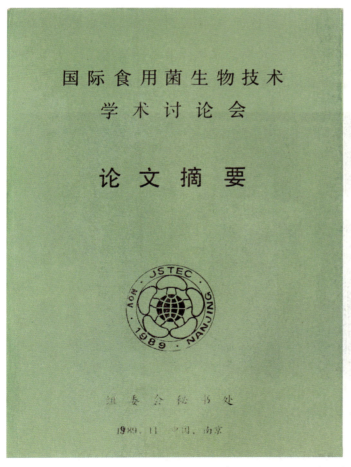
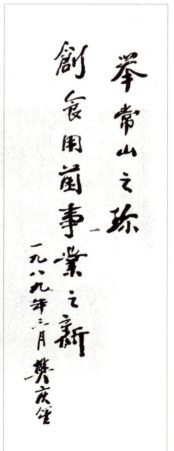

樊庆笙主编的《国际食用菌生物技术学术讨论会论文摘要》 樊庆笙题词（韩省华提供）

1992年10月，在重庆召开的"第三届全国食用菌新技术交流大会"上，应组委会邀请，樊庆笙教授又做了"发展食用菌新技术"的报告。他高瞻远瞩，从跨世纪的高度和全局出发，全面分析了中国食用菌生产情况，和国外纵横比较后，明确指出我国食用菌生产和科研应把握的方向，并提出指导性意见：要用高新技术开发和利用我国丰富的食用菌资源，形成有中国特色的新兴产业；选育高产优质菌种；改进食用菌栽培技术，提高产量；发展食用菌精加工的新技术，提高食用菌产品质量，以提高在国际市场的竞争力；加强药用真菌开发和药效成分的分析，提取精制成药；普及科学技术知识，提高广大菇农的科学素质等许多方面。这些精辟的见解引领和指导中国食用菌事业持续、健康地发展。西南农业大学何庆邦教授回忆道："经过近10年国内食用菌产业发展历程的检验，回过头来看樊先生当年的这些论断，无疑是非常正确的，迄今仍凸显他的科学性和前瞻性，使我由衷地佩服先生深邃的洞察力和远见卓识。"[1]

第三届全国食用菌新技术交流大会部分代表合影。（前排左三樊庆笙）

[1]何庆邦.精辟论断科学，无私扶持晚辈.《樊庆笙教授纪念文集》108-109.北京：中国农业科学技术出版社（2003）.

一生致力于生物固氮研究和应用推广

樊庆笙教授从任教开始就专注根瘤菌的研究，1938年，他带学生在四川采标本时的野外记录就列入了观察根瘤菌的内容。他在美国威斯康星大学攻读学位时，曾以大豆根瘤菌不同菌株的共生固氮效率为研究课题，还试验过几种新合成的农药对根瘤菌的影响。20世纪50年代，他指导学生开展以"华东地区大豆根瘤菌优良菌系的分离"为课题的研究，获得纯培养的大豆根瘤菌几百株，从中筛出五个固氮效率高的菌系制成菌剂，进行小区接种对比试验，又对自生固氮菌和根瘤菌的形态、生理及生态进行探究。并在农业生产中推广应用大豆、豌豆等根瘤菌菌剂。[1]

20世纪80年代，樊庆笙参加了国家科学技术委员会生物固氮协作组的有关项目和江苏省科学技术委员会领导的关于花生、大豆根瘤菌接种技术的示范推广的开发计划。三年中，他奔波在江苏各地，指导各地农技站的科研人员，进行菌种选育、菌剂生产和田间试验、制作配套接种技术等，并亲自操作、演示，进行指导。在苏北23个县示范推广了3.3万公顷，豆科作物接种根瘤菌后，花生平均增产18%左右，大豆平均增产9.8%左右。经济效益显著，获江苏省科学进步奖[2]。

樊庆笙先生还率先将分子生物学的理论和技术运用到农业微生物的研究和运用中。1987年他主持了农业部课题"高效抗逆大豆根瘤菌的构建"和江苏省科学技术委员会的生物技术课题"固氮基因重组"，在这些课题研究中，他应用细胞融合和DNA细胞重组技术，对现有的根瘤菌进行改造，构造了高效抗逆大豆根瘤菌菌株，提高了大豆在逆境中结瘤和固氮效率，在中国沿海，

---

[1]青宁生.我国农业微生物学之主要奠基人——樊庆笙.《微生物学报》2011年51卷4期.
[2]《20世纪中国知名科学家学术成就概览》农学卷第四分册80-91.北京：科学出版社（2013）.

特别是江苏沿海滩涂开发中发挥了作用。[1]

20世纪90年代，在樊庆笙教授的指导下，南京农业大学农业微生物研究室开展了对紫云英根瘤菌和紫云英识别的分子生物学研究，同时对固氮根瘤菌和田菁茎瘤的生态生理进行研究，并应用分子技术对固氮根瘤菌的遗传学进行研究，使田菁茎瘤和固氮根瘤菌的研究达到国际先进水平。[2]

1987年5月，中国土壤学会为了总结和交流中国共生固氮研究和应用50年的工作成绩，为今后的研究和技术推广提供有益的经验，三位中国农业微生物学的奠基人张宪武、陈华癸、樊庆笙在成都共同主持了"全国豆科植物——根瘤菌共生固氮学术讨论会"，会后陈华癸和樊庆笙主编了《中国共生固氮研究五十年》。

1982年樊庆笙教授在苏北试验点测试接种过根瘤菌的大豆生长情况

[1]《20世纪中国知名科学家学术成就概览》农学卷第四分册80-91.北京：科学出版社（2013）.

[2]李惠君，林佩珍，肖乃华，殷永娴，娄无忌.烈士暮年 壮心不已《樊庆笙教授纪念文集》95-97.北京：中国农业科学技术出版社（2003）.

在田头考察接种根瘤菌后的田菁长势

1987年5月，樊庆笙教授（左一）和张宪武教授（左三）在"全国豆科植物"——根瘤菌共生固氮学术讨论会上

樊庆笙教授为德国发行的《生物固氮》一书撰写的《中国稻田采用的生物固氮系统》特约专稿英文版首页照片。

THE BIOLOGICAL NITROGEN FIXATION SYSTEMS ADOPTED IN RICE PADDY FIELDS IN CHINA

Fan Qingsheng

Nanjing Agricultural University, Nanjing 210014, P.R.O. China

The rice paddy fields in China are mainly distributed in southern provinces in the subtropical and temperate climatic regions. Yangtze River Valley is the center of rice plantation which stretches from the east to the western mountainous areas of Szechuan and Yunnan provinces. This vast area of more than 20 million hectares of rice paddy fields have gone through more than hundreds years' agricultural practices of rice–green manure and rice–wheat or rape types of paddy / dryland rotational farming, a type of humus–rich and high N–content rice paddy soil was developed with high productivity for grains. Farmers used to grow a crop of leguminous green manure, milk vetch (*Astragalus*) or vetch (*Vicia*), after rice in late autumn for the effect of symbiotic nitrogen fixation of *Rhizobium* and used as base manure to supply organic matter and nitrogen for next rice crop. During the growing period of rice plants, in addition to the naturally developed certain filamentous and unicellular nitrogen fixing blue green algae in the stagnant water layer of the rice field, farmers also experienced to grow *Azolla* in the rice fields serving as top–dressing green manure to supply nitrogen and other nutrients during rice plant growth. *Azolla* infected with a blue–green alga, the *Anabaena azollae*, is a very effective symbiotic nitrogen fixation system on shallow water surface in temperate regions. Thus the opportunities of both free–living and symbiotic blue–green algae for nitrogen fixation come into full play in Chinese rice paddy fields.

Besides the customary application of farm manure and green manure to the paddy fields, the ploughing up between crops which renders the turning over of plant stubbles into the soil supplementing the organic matter as energy source of the free living N–fixing bacteria in soil to carry on their N–fixing activities both in aerobic and anaerobic conditions. Furthermore there are also specific N–fixing bacteria living in association with the root of rice plants and the rotational crops in the winter and spring seasons to supply nutrients directly to the growing plants.

The paddy fields have provided a natural ecological environment for various N–fixing organisms, yet the cultivation systems have artificially further promoted the N–fixing effect of the microorganisms. All these, while supplying the nitrogen and other nutrients for the growing rice plants, will also gradually raise the N–content of the soil.

— 7 —

不断开拓微生物生态学的研究和应用，保持生态系统平衡

樊庆笙教授一生致力于我国微生物和大型真菌群体的生态研究和资源开发。他认为中国是从寒带、温带、亚热带、热带连接不断的国家，微生物资源极为丰富和特有。在温带和亚热带、亚热带和热带的交汇处，可能会有一些特殊分化的菌种，研究的前景广大。他常和学生们说："我国是物华天宝，生物资源不同于任何国家和地区。"他从 20 世纪 40 年代就注意从微生物中筛选抗生物质，并注意群体生态的相克关系。[1]

1989 年，在西安召开的"全国第六届土壤微生物学术讨论会"上，他总结了微生物学工作者在发展微生物防治病虫害、微生物产生植物刺激素促进营养等许多方面的应用，意味深长地提出："土壤微生物研究工作者，今后的研究方式要从土壤中走出来，既地下、也地上，地球上丰富的土壤微生物资源应该更多更好地为我国国民经济服务，为人类服务。"[2]

他在《我国农业微生物学的现状和发展》一文中以高屋建瓴之势，剖析了我国农业微生物学发展的里程和现状，展望了我国农业微生物学的发展前景和攻关方向："来源于土壤中的各种微生物要扩大它们的作用和应用范围于农业生产的各个方面和各个环节，成为发展农业的丰富资源和巨大生产力，从而使土壤微生物学迅速发展成为农业微生物学。"

他始终瞄准微生物学的科学前沿，20 世纪 80 年代起，他积极呼吁和大力推动中国微生物学科研向新的领域——菌根学开拓。为此他做了大量的组织和研究工作，并邀请外国专家来华讲学和交流。他说："中国地域大，物种多，要尽快培养一批菌根学专家。内生、外生菌都要搞。起步晚，要吃亏，必

[1] 臧穆，黎兴江.创百世事业，作不朽文章.《樊庆笙教授纪念文集》85-87.北京：中国农业科学技术出版社（2003）.

[2] 王书锦.迎接新世纪土壤微生物学的创新实践.《樊庆笙教授纪念文集》115.北京：中国农业科学技术出版社（2003）.

须加快步伐……"[1][2]他领导了对菌根真菌的生态、生理、生化研究，为广东、海南、云南等地农业和林业中菌根的应用进行了基础性工作，培养出中国第一代菌根学研究的博士生。[3]

　　他的思想永远是立体的，天上地下，万物竞生，纵横交错，相生相克，变化无穷又和谐统一。作为全国知名的生物学家，他的研究目光不只停留在微生物的圈子里，而是跳出这个圈子，着眼于生物群体，思索如何利用微生物独特的转化作用，保持生态系统平衡，构建一个良性循环的生物链。他在《我国农业微生物学的现状和发展》一文集中地反映了他的超前学术思想。文中他指出："微生物作为生产资料和生产力，以独特的生物技术应用于农业生产的各个方面，发挥转化物质状态的巨大效率，变无用之物为有用之物，从低值提至高价值，并在有效调控中将一些微生物的有害活动转化为有益作用，发挥经济效益和社会效益。"他构建了农、渔、牧综合发展，使种植业、养殖业、畜牧业、加工业配套成龙的方案。在这个方案里，棉籽壳和木屑作培养食用菌的培养料，食用菌采收后，残渣中留有大量菌丝体，含有丰富的蛋白质酶和纤维素酶以及其他水解酶类，可将残渣干燥粉碎后，提取酶类，作为加工粗饲料的发酵剂，提取酶类后的残渣，仍含有丰富的菌丝蛋白，可作为养鱼的良好饵料和家畜的精饲料。或将残渣倒入沼气池发酵料中，促使青草或稻草以及牛粪中的纤维素物质分解，可加速发酵过程，提高沼气产量。沼气发酵后的残渣，因保留原材料中含有的总氮量，可作为农田的腐熟有机肥料，发挥肥效。从而实现农业生产无废物，变废为宝；实现生物界的良性循环，保持生态平衡，改善自然环境。在20世纪80年代，由于乡镇企业迅猛发展，引起环境严重污染。他在政协提出解决方案，受到有关领导的重视。

　　[1]臧穆，黎兴江.创百世事业　作不朽文章.《樊庆笙教授纪念文集》85-87.北京：中国农业科学技术出版社（2003）.

　　[2]《20世纪中国知名科学家学术成就概览》农学卷第四分册.80-91.北京：科学出版社（2013）.

　　[3]青宁生.我国农业微生物学之主要奠基人——樊庆笙.《微生物学报》2011年51卷4期.

1989 年樊庆笙教授在西安举行的全国第六届土壤微生物学术讨论会上讲话

紫云英接种根瘤菌北移成功的科研成果，赢得国外专家的敬佩和赞赏，享誉东瀛

1986 年 9 月，樊庆笙教授在南京主持召开中、日、美紫云英学术会议，会上发起成立"国际紫云英学会"，樊庆笙被推选为国际紫云英学会会长。

1987 年、1990 年，樊庆笙两次率团赴日本参加国际紫云英学术讨论会。所到之处受到日本友人的热烈欢迎，他们在盛开紫云英花朵的田野上拉起了"热烈欢迎樊庆笙先生"的中文横幅。樊庆笙教授在大会报告中详细介绍了中国种植紫云英的悠久历史，紫云英在农业、畜牧业、养蜂业上的应用。特别是中国在紫云英接种根瘤菌后北移成功，为农业生产提供大量优质绿肥的增产效果以及樊庆笙教授对紫云英生理、生态和共生固氮体系的生理、生化研究成果，引起了与会代表极大的兴趣。会后，樊庆笙和日本安江多辅教授合著了《紫云英全书》。

1987年4月在日本千叶县举行的第一届国际紫云英学术讨论会上樊庆笙教授做报告

第一届国际紫云英会议上，樊庆笙亲笔书法赠送日本同行

1990 年 4 月在日本茨城举行的第三届紫云英学术讨论会上做报告

在日本出席第三届国际紫云英学术讨论会的现场会

第三届国际紫云英学术讨论会后，参观岐阜大学，墙上右边镜框内是樊庆笙教授
1989年4月在南京召开第二届国际紫云英学术讨论会时赠送给安江多辅的亲笔题词
左起：许厥明 安江多辅 樊庆笙

和参加第三届紫云英学术讨论会的各国代表在一起

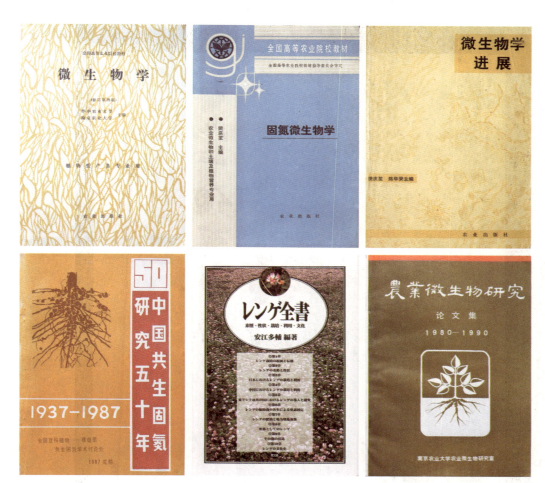

樊庆笙教授的部分著作，其中陈华癸和樊庆笙主编的《微生物学》（第四版）被评为全
国优秀教材

六十年，共和国波澜壮阔。苏州钟天
覆地，《姑苏晚报》评选了六十个各发
展阶段的典型人物，通过这些在全国乃至
世界都有影响的时代精英，折射出苏州乃
至全国六十年间的光辉篇章。

共和国记忆

六十個有影响的蘇州人

主编 ◆ 缪学为
唐 刚

古吴轩出版社

樊庆笙教授的学术成就写入了《六十个有影响的苏州人》——中国青霉素研制
先驱（作者：周南珊 沈士龙 张桂馥）

第九篇

耄耋之年　壮心依旧

20 世纪 90 年代，樊先生已是耄耋老人。可是他一点不觉得自己老，还是那么身材挺拔，精神抖擞，他虽然不再担任行政职务，但还在带研究生，指导科研。他还是每天清晨乘交通车去上班，还常东奔西走到各地去查看试验田，指导农业生产。对他来说，发展中国的农业微生物学事业，造福人民，是他一生的事业、一生的奋斗目标。在这条路上他永远有做不完的事。80 岁的他，桃李满天下，科研硕果累累。但他"活到老，学到老。耄耋之年，笔耕不止"，从研制青霉素，创建血库，到创建农业微生物学专业，紫云英北移成功，再到创建中国第一个厌氧微生物学实验室，在中国开拓菌根学的研究和应用。他一生都在这条道路上不停地探索、开拓、创造。80 岁的他始终关注生物科学发展的进程，学习有关分子生物学、细胞学的新知识。瞄准微生物科学前沿——提出创建农、林、渔、牧适当布局，配合发展，改善生态环境，保持生态平衡，实现稳产高产的生物良性循环的生物圈方案。

踏遍青山人未老

八十抒怀

80 岁的樊教授还在科学道路上探索

手不释卷

耄耋之年　笔耕不止

四面八方弟子们回来，祝贺老师 80 寿辰，他却嗔怪道："就是你们叫我知道我已经 80 岁了。"

1991 年 80 岁的生日照

同利为朋则利乖而积怨同道为朋乃相得以益彰

四十年切磋学问休戚与共抑止铭心美君高洁窃

陈辞祝

庆笔教授八秩大寿

集

杏坛设教心馨桃李三千树

皓首穷经领袖风流一百年

学弟 陈华癸 九一年 六月

杏坛设教心馨桃李三千树

皓首穷经领袖风流一百年

这是陈华癸院士在樊先生八十寿辰时对他所作贡献的高度称赞

幸福晚年

青梅竹马姑苏城，峨眉牵手比翼飞。

任凭征途风浪起，雨过天晴沐朝晖。

风雨同舟

鹣鲽情深

重病在身 坚持工作

天不如人愿，疾病向他悄悄袭来。1993 年 8 月，他常腹部隐隐作痛，大便中有隐血。他还要女儿给他买一张去苏州望亭的火车票，他要去看太湖地区农科所使用微生物试剂 EM1–4 的水稻试验田。天气炎热，女儿劝他缓行。可是他决定要做的事，不做成决不罢休，谁也拗不过他，他气呼呼地说："你们不代我买，我自己去！"深知父亲脾气的女儿只能代他买，于是 82 岁高龄的他硬是冒着高温酷热去了望亭。不料那天下午下起倾盆大雨，加之望虞河水倒灌，田里一片汪洋。他不听劝告，执意冒雨下田观察、采样、测定，在雨里不知劳累地足足忙了两个多小时，脸上的汗水和雨水一起淌下来。大雨中老教授奋不顾身在水中忙碌的情景，使所里老职工感到不可思议又由衷敬佩。他们哪里知道他是在与病魔赛跑。临走时所里要派小车送他回南京，他执意不肯，摆摆手说："你们的科研经费不多，我自己到公路边等过路公共汽车到无锡，再乘火车回南京。"就这样，为了要赶在进医院医治前，去试验点检查试验效果，82 岁高龄的樊老不顾有病在身，不顾舟车劳累，冒着酷热和大雨，一天去苏州望亭查看试验田跑了个来回。

回宁后，去医院检查，已是结肠癌中晚期，立即手术。患病后，他更感到时间紧迫，要抓紧生命的最后时光把计划中的事做完。在放疗期间，由于放疗后的不适反应，需要静养，不能劳累。但他得知出版社已在催由华中农业大学李阜棣教授和南京林业大学周湘泉教授主编、樊庆笙主审的《土壤微生物学》书稿，再三坚持要周湘泉把书稿送来给他审阅。于是，他硬是在病床上，克服放疗后种种难受的反应，以坚强的毅力，将全书 14 章 35 万字、120 幅图的书稿全部审改完毕，还写了热情洋溢、寄予弟子无限希望的序言。周教授后来写道："耄耋之年的樊师，在身患癌症，术后辐射治疗，时有身体不适的情况下，以最坚强的毅力，满腔热情，高度负责地把学生扶上马，送一程，再送一程。……并亲笔撰写了对我们这些学子们热情洋溢，寄予无限期望的序言。此情此景，他崇高的师德确实是使我们这些学生终生难忘。"

抱病筹建金陵研究院

出院后，几乎没有休息，樊庆笙就被金陵大学校友一致推选为金陵研究院筹备委员会主任。他深感担子沉重：要筹集300万美元建院资金谈何容易，基建、设备、师资都是未知数。但是为了不辜负陈裕光老校长"把金陵的事业办下去的遗愿"，又为了不辜负校友们的信任和重托，他义不容辞地挑起这副担子，抱病参加筹建金陵研究院的领导工作，参与制定《金陵研究院筹建方案》，着手筹集资金，开展建院工作。在病魔缠身，身体渐衰的情况下，到学校参加金陵研究院大楼奠基典礼。他亲笔写信做了许多海内外校友的联络工作，其信行文简洁、情真意切，充满对祖国的赤子之心，对母校、对校友的真情厚意，欢迎校友们择便回来，看看祖国建设的新面貌，开展学术交流。海内外校友们都说："把捐款交给樊先生，我们绝对放心。"他直到病重时还多次从城里来到学校，接待海内外校友，介绍金陵研究院的筹建情况，视察基建工地。他说："我们要把金陵研究院办成和国际水平接轨，培养高级人才的研究生院。"这一干又是五年。他一直为金陵研究院的筹建操劳到"春蚕到老丝方尽"。

为了纪念金陵大学老校长陈裕光为教育事业所作的毕生贡献，金陵研究院筹备委员会，在金陵研究院裕光楼门厅中建立了陈裕光先生铜像。

金陵研究院的裕光楼门厅中陈裕光先生铜像

1993年南京农业大学校领导和金陵大学部分校友欢迎海外归来的金大校友马保之先生，共商办学事宜
前排左起：樊庆笙　马保之　马育华
后排左起：陈佩洁　鲍世问　费旭　辛显之（音）　盖钧镒　卢良俊　刘大钧

工作中的樊教授

樊真美回忆

转眼到了 1994 年，身患癌症未痊愈的父亲身体大不如前，消瘦了，但他完全不把病痛摆在心上，坚持做他计划中未完成的工作：金陵研究院的筹建，博士生的指导，各地农业科学试验田的指导。而母亲因在家中跌了一跤，已卧床多日，在子女们照顾下，母亲身体有好转。国庆佳节，母亲穿戴整齐地从卧室走出来，和全家团聚，席间她还说了个谜语，叫大家猜。见母亲精神好，全家都很高兴，拍了一张全家照。想不到这竟是全家到齐的最后一张合影。

全家合影 1994 年 10 月 1 日

九天后，母亲的病情急转直下，大小便失禁。我们急忙叫救护车送母亲去医院，我和真宁妹在急救室外守了一夜，母亲没有被抢救过来。而此时父亲却偏偏在武汉开会，当他收到急电赶回来，却没有见到母亲最后一面。我看到原来精神矍铄的父亲一夜转来变得衰老憔悴，满脸泪痕。从小青梅竹马，相濡以沫五十六年的老伴突然离他而去，使年老的父亲痛不欲生，他含泪亲笔写下给母亲的挽联。文中饱含对一生辛勤从事幼儿教育和小学教育爱妻的褒奖。[1]

珊珍爱妻千古

甘苦偕老俭朴传子女一生心愿堪自慰

辛勤执教爱心育儿童满园朝辉喜春光

庆笙率子女泣挽

从此青石村小院里不再有母亲的身影，再听不到她爽朗的笑声，再没有老两口"你要东、我偏要西"拌嘴的乐趣，显得格外空寂和冷清。儿女的照顾毕竟不如老伴知心知暖的陪伴，病中的父亲很孤独，变得沉默少言。

大山般坚强的父亲终于没有一蹶不振，他在痛失爱妻的悲痛中和病魔的顽强拼搏中挺过来了。因为他不曾忘记他在夫人面前立下的誓言，他还有许多工作没有做完。从1994年到1995年，他虽身患癌症未愈，仍坚持每周乘交通车去学校两次，指导博士生开展科研，解答疑难问题。1996年后，他的病情加重，经常不断咳嗽。在博士生们的多次要求下，他才同意不再经常到学校，而由学生们到老师家求教。

---

[1]母亲周珊珍曾任南京农学院幼儿园主任和司背后小学校长.

1997 年初夏的一天，我接到父亲电话："你明天有课吗？明天王楠要来，她最喜欢吃虾，你买了带来。"其实我第二天虽无课，手上"课程建设"的工作也有一大堆。父命难违，第二天一大早买好河虾和菜赶到青石村，王楠来后把她修改好的论文稿交给导师审阅，父亲带她到洒满夏日阳光的小院里，指着一棵枇杷树告诉王楠，这棵树是樊华小时候种的，现在结满果实，枝条都压弯了。父亲交给王楠一个绑铁钩的长竹竿和一个小竹篮，示范给王楠看，怎样采枇杷。要她多采些，多吃些，再带回去给学校的老师们和同学们尝尝。他对王楠说："你在外面采枇杷，我在屋里看你的论文。各干各的，互不干扰。"我从父亲慈祥的目光里感受到他把王楠当做孙女来疼爱。我这个"火头军"在厨房和钟点工王阿姨一起为师徒二人准备丰盛的午餐。这一天父亲尝到很甜的枇杷，王楠的论文也使他满意。看到他俩师徒同乐，我终于看到父亲久违的笑容，心里感到宽慰。

　　提起门口小院，这里有故事，耄耋之年的父亲每天仍有做不完的事，他唯一的休息，就是在傍晚时分，放下案头工作，去打理门口小院。经过多年，小院被他打理得花团锦簇，错落有致。院子西边的一棵枇杷树高大挺拔，东边墙角一棵桂花树枝繁叶茂，院门口一棵芭蕉树四季常青。院墙上爬的是丝瓜、扁豆、喇叭花。院内种了一畦蚕豆、菊花脑。院中用旧砖砌的圆形花坛上种的是父亲从洛阳带回来移植的芍药、牡丹。从院门通往阳台的小径旁的竹架上挂着葡萄藤。阳台下栽了一丛丛的"晚饭花"和一串红，住房南窗外墙上爬的是茑萝，窗下挺立着一排美人蕉。每到春天来临，满园花儿盛开，红的、黄的、紫的、白的……偶尔还引来蝴蝶在花中飞来飞去。到"五一"前后，大朵大朵的芍药、牡丹争相吐艳，美不胜收。父亲会打电话叫我们回来看花，与花共影。初夏枇杷成熟了，摘下果子后，父亲分送左邻右舍和他的研究生们，分享甜蜜。盛夏夜晚，端个小凳在院中乘凉，一丛丛"晚饭花"散发出阵阵清香，顿觉清凉。金秋季节，桂花开了，满院芳香扑鼻，沁人肺腑。每当我们摘了院中自产蔬菜，烧了个菊花脑蛋汤或丝瓜炒鸡蛋，父亲总是像吃了山珍美味，连说"好吃！好吃！"每当有来访者，谈完了工作送客出门时，父亲常会领客人参观他的"精品小花园"，如数珍宝地向客人介绍他引种的花卉，仿佛在展现一件艺术珍品供人欣赏。每年冬天，父亲还要养几盆水仙花，春节期间客厅中的凌波仙子散发出淡淡清香欢迎来客。父亲爱花、种花，而且会种花，他的辛勤劳动给全家带来一年四季的"鲜花"享受，让孙辈们在帮爷爷浇水、松土、摘果中得到无比快乐。遗憾的是父亲去世后，青石村住房拆迁，这个充满生命活力的小花园，连同可爱的枇杷树、桂花树都一去不复返了。留下的几张照片记载着当年的快乐时光和我们对父亲永远的思念。

父亲种的牡丹花开了

父亲和我

父母和燕平

父母、真宁和外孙女

最后的拼搏

娄无忌老师回忆了和樊先生一同最后一次出差，全文如下：

先生晚年得了不治之症。他对自己的病情十分清楚，却泰然处之，照样忙他的工作。1996 年 5 月，先生要我随他一起去镇江，查看试验田。但当时先生病情已发展到咳嗽不止，痰中带血丝，需要休息、治疗。我怕他累了加重病情，劝他不要去。我说："你要相信我，我回来后详细向你汇报。"先生听了很伤感地对我说："难道你也认为我不行了。我们还要共同工作到 2000 年。"当时我一阵心酸，不愿伤他的心，也不敢再坚持了，便违心地同意了。随即暗地里通知镇江地区要备车随行，以减少先生的劳累。在镇江，我们考察了"田间 EM 应用试验"，先生对试验很满意。

八十有五

以下三张照片是樊先生的表侄周伟民先生所摄。

笔耕不止

指导

樊先生的病情一天天加重，在全国微生物界同仁和樊先生诸多弟子精心策划下，决定 1996 年 10 月"第八届全国土壤微生物学术讨论会"在南京农业大学召开。这是樊先生最后一次主持全国性的学术会议。

1996 年樊庆笙教授在"第八届全国土壤微生物学术讨论会"上讲话

　　来自全国各地的微生物界同仁们、弟子们看到昔日身体硬朗、神采奕奕的樊先生，手术后虚弱、消瘦，说话有点中气不足，有说不出的心酸和担忧。为了表达对这位为祖国农业微生物事业奋斗了 60 多年的德高望重的老专家的敬爱之心，会议结束后举办了"樊庆笙教授 85 寿辰"祝寿会。在温馨的大厅里，来自祖国四面八方的专家们、弟子们济济一堂，向先生祝寿、问候。

李阜棣教授代表华中农业大学向樊庆笙教授祝贺生日

周湘泉教授深情地回忆和樊师 50 年的师生情

黄为一教授代表学子们感谢樊老师精心栽培

学生献花

同行们的祝贺

樊教授以茶代酒向前来祝贺的同行们、学生们致谢

最后一次接待海外校友

1997 年秋，旅美金陵大学老校友张宪秋夫妇访问南京农业大学。此时樊庆笙教授病情加重，身体虚弱，仍坚持到学校外宾楼亲自迎接。阔别 60 年的两位白发老人再次相见都非常激动。张先生说："我这次来南京主要是看望思念多年的樊老师，同时还要看看母校和金陵研究院。"[1] 稍事休息后，樊老亲自陪张先生去金陵研究院工地视察，二老都不肯坐车，边走边谈。樊老谈到从金陵大学农学院发展到南京农业大学的历史，再讲到创建金陵研究院的经过，目的是培养高端人才，同世界先进水平接轨，加强国际间生物技术的合作与交流。张老听得很认真，当他发现樊老的步伐越来越沉重，建议回宾馆。樊老却坚持去工地现场看看，请张先生多提建议。后来两人走进一间空的大教室，坐下来接着谈，樊老谈到金陵研究院的设计指导思想、工程概算和基建进度。张先生还作笔记。随行人员看到两位老人如此认真讨论问题，深受感动。张先生诙谐地说："樊老师做事从来都是一丝不苟，我们做学生时，他就这样要求我们。"[2] 张先生不仅自己解囊捐助，还表示回去后动员更多的校友关心此事。

---

[1][2]费旭，许复宁，谢福祥，胡方方.《樊庆笙教授纪念文集》90-94.北京：中国农业科学技术出版社（2003）.

生命不息，奋斗不止
樊真美回忆父亲最后的日子

1998 年 1 月，天气特别冷。已身患癌症 4 年多的父亲病情又加重了，咳嗽不止，浓痰夹着血丝。在大家的劝说下，1 月 15 日，父亲住进了省人民医院干部病房。医院的条件比家里好多了，有中心供暖，室内温暖如春。用药以后，父亲咳嗽比原来少了，精神也好多了。父亲原打算再住几天就可以回家了。但医生为了彻底了解他的病情，照例要给他做各种检查，今天抽血，明天做 CT，隔两天又要做骨造影。父亲不耐烦了，他觉得把他关在医院里什么事也做不成，牢骚满腹。同病房的病友劝他："樊老，你已经 80 多了，还不歇歇，还要干什么？"他哪里听得进劝告，急着要出去工作。因为春节假日不检查，我们把他接回家住几天。

春节期间，他的学生黄力从美国留学回来。到青石村看望老师，黄力看到至今难忘的情景：先生正坐在一把椅子上阅读一篇英文专业文献，在他面前的小凳上堆满了复印的英文文献。家里全然没有一点节日气氛。身患重疾的先生显得苍老、虚弱。但他那特有的目光依旧透射出正直、热情、慈祥、坦然和信心。[1]

先生对我的造访显得十分高兴，对我回国后的工作、生活情况非常关心。接着先生谈到南农大微生物学科的发展，谈到正在筹建的金陵研究院，谈到他所牵挂的许多事情。几天后，先生还约了南京农业大学微生物系的几位老师和我一起到他正在住院的病房里，探讨南农大微生物学科发展中的一些问题。没想到那次分别竟成永诀。在那一年的一个炎热的夏天，先生走了，留下了他一生奋斗换来的辉煌。[2]

---

[1][2]黄力.先生的目光.《樊庆笙教授纪念文集》65-66.北京：中国农业科学技术出版社（2003）.

我们的父亲他满脑子全是工作，唯独没把自己的病放在心上，急着要出院。可事与愿违，检查结果不好，癌细胞已由肺部转移到骨头里。病区主任医生劝他做局部化疗："这种化疗反应不大，樊老，你做一个疗程试试，做好了，你可以活一百岁。"可他却对我说："我要活一百岁干嘛！我只要活到2000年。我现在还有三件事没有做完。第一，今年秋天金陵大学110年校庆，届时金陵研究院大楼将建成，并正式招生；第二，第二届国际食用菌 学术会议10月将在南京召开；第三，我还有6个博士生，到2000年他们全毕业了，我就可以什么都不管了"。他对我说："我决定出院了，回家以后我继续吃中药，我相信我能活到2000年。"我明白他清楚的知道留给他的时间不多了，他要赶在这一天到来之前把没有做完的事做完。身为金陵研究院筹委会主任，必须完成建成金陵研究院的重任，才不辜负陈校长的遗愿，不辜负海内外校友的期盼。金陵大学建校110年盛会和金陵研究院落成典礼也许是他和老校友最后一次聚会。

　　身为中国食用菌协会名誉会长，他为中国食用菌事业的迅速发展倾注了很多心血，他的团队在食用菌新技术推广应用上的创造性工作和最新科研成果，使国外同行十分敬佩，纷纷要再来中国"取经"。他抱病筹备和组织了"第二届南京国际食用菌科学和栽培大会"，他希望这次大会比第一届开得更好，开成一个国际学术交流的盛会，以展示中国在食用菌培植、加工、应用上的悠久历史和最新科研成果，推动世界食用菌事业——21世纪的绿色食品——的发展。望着父亲日益消瘦的面容，我知道这是他经过深思熟虑后作出的决定，他要抢在病魔之前，抓紧生命最后的日子，为开好这两个会议作最后的冲刺。我知道我无法改变他的决定，一股不祥的预感掠过我的心头，眼泪不自主地流了下来。

　　当他知道学校已为他住院花了2万多元，一生节俭，不肯多花国家一分钱的父亲，更急不可待地打电话请系里派人来医院结账，办出院手续。微生物系领导说，这么冷的天，怎能出院，一直拖到寒假后的2月20日才派人来医院结账。医院的出院证上写的是"患者拒绝治疗，要求出院"。

最后的遗言

这一年严冬接着春寒。出院后，他回到多年失修的窗户都关不严的老房子里，开着空调，仍不抵寒。他穿上两件羽绒衣，围上围巾，带上绒帽，每天坚持工作，看材料，写东西。他是克制力和忍耐力极强的人，晚期癌症的痛苦他从不对家人诉说。这年3月20日寒流袭击南京，北风呼啸，竟下起鹅毛大雪。久病年迈的父亲再也扛不住了，胸闷头昏，咳嗽不止，大口大口的浓痰夹着血丝，连喘气都困难了。再次入院，病情急转直下，癌细胞已侵入脑膜，连医生都无回天之力了。他常陷入半昏迷之中。但只要他一醒过来仍是操心学校里这样那样的事，尤其是多年心血筹建的金陵研究院，一直挂在他心上：关于筹款的情况、和海外校友联系的情况、筹备工作结束后金陵研究院工作人员名单的建议……只要他想到的，就叫陪伴的子女记下来，等南京农业大学老师、金陵大学校友来看他时一一交代。

他知道他在世的日子不多了，一次他的学生黄为一教授来医院看他，他对黄为一说："我是靠奖学金读了大学和学位，我想把一些积蓄做奖学金基金，资助现在贫困且优秀的学生，帮助他们成才。"黄教授牢牢记住导师的托付，费心费力管理"樊庆笙教授奖学金"21年。在利率下调的情况下，黄教授贴差额发奖学金，保住本金不动。

有一天，他醒过来后又和樊华谈起他心中的金陵研究院，他说："我们要把金陵研究院办成世界一流水平的生命科学院。从海外广聘客座教授，招收高水平的研究生。使我们的科研和国际一流水平接轨，成为培养高级人才的基地。"[1]每每谈到这些，他顿时像吃了千年老参一样精神，眉飞色舞，谁还能想到他是一个危重病人。这时的他仿佛回到了工作半个世纪的学校，走

---

[1]樊华.父亲的情结.《樊庆笙教授纪念文集》153-156.北京：中国农业科学技术出版社（2003）.

上了金陵研究院的讲台……可是后来他昏迷的时间越来越长，当来看他的老同事见到，这位为祖国农业教育和农业科技事业无私奉献和奋斗了65年的导师，他的生命之火正在慢慢熄灭，忍不住落泪。经医生会诊结果是癌性脑膜炎，医院发出病危通知。直到他神志进入迷糊，嘴部肌肉开始僵硬时，还使出全身力气吩咐樊华："**存的钱作奖学金基金，每年发给贫困和优秀的学生。**"[1]樊华用录音机录下了父亲的**临终遗言**。1998年7月5日，他匆匆走完了自己的一生，没有看到他魂牵梦萦金陵研究院竣工的大楼，没有看到"1998年国际食用菌科学和栽培大会"在南京召开的盛况，更没有向子女交代他的后事。他的一生都在奋斗，都在拼搏，都在奉献，金陵研究院是他和金大学子们送给南京农业大学也是送给国家的礼物。他的一生都和老牛一样在不停地耕作，直到生命的最后时刻。他的一生又像蜡烛一样，燃烧自己，照亮后人，把自己最后一点光和热耗尽之后，无怨无悔地走了。

来看他的老同事们在追忆中述说："樊老坚持要回家，是因为他清楚地知道属于自己的时间不多了，想在家里把他没有做完的几件大事做完。樊老在最后的岁月中，对事业追求的执着和对病魔斗争的顽强，让我们活着的人每想到这些，都使自己的灵魂得到一次净化。他留在人间的高贵品德，永远是我们宝贵的精神财富。"[2]

今天我们要告慰先生的是，"樊庆笙奖学金"这棵小树苗在他的学生黄为一教授的精心管理、不断浇灌下，从1998年—2018年，已经颁发了21年，惠及南农大生科院400多名优秀本科生和研究生。从2019年开始又有他的学生李德明投款加入，小树会长得更加壮实，可以惠及更多的优秀学生，相信这些受惠的学生们将来有能力了，也会来浇灌这棵大树。

---

[1]樊华.父亲的情结.《樊庆笙教授纪念文集》153-156.北京：中国农业科学技术出版社（2003）.

[2]费旭，许复宁，谢福祥，胡方方.《樊庆笙教授纪念文集》90-94.北京：中国农业科学技术出版社（2003）.

第十篇

师德永传　风范长存

樊真美的回忆

　　父亲去世后，来自全国各地的缅怀他、纪念他的文章纷纷寄到南京农业大学。一天我正在青石村家中整理父亲的遗物，走进一位我未见过的白发苍苍的老人，一进门就对着父亲的遗像三鞠躬、默哀，泪流满面地说："我来迟了，来迟了。"交谈后方知，他是湖南农业大学的李宗道教授，父亲抗战前金陵大学的学生，他接到讣告后急忙从长沙赶来，没有见到老师最后一面，抱憾终身。在李宗道教授的倡导下，成立了《樊庆笙教授纪念文集》编委会，他以80多岁高龄亲自担任主编，并将其作为他余年要完成的几件大事之一。为此，他先后两次专程从长沙到南京，抱病参加审稿。2003年，《樊庆笙教授纪念文集》出版，李教授终于在生前实现了自己的宏愿。

　　我仔细阅读并打印了全部来稿，从这些情真意切的稿件中，我渐渐读懂了父亲，读懂了他一片赤诚的爱国之心，读懂了他一生为之奋斗的农业微生物学和农业科教事业，明白了为什么他去世后，有这么多人怀念他、写文章纪念他。

来自全国各地缅怀樊老师的部分信件

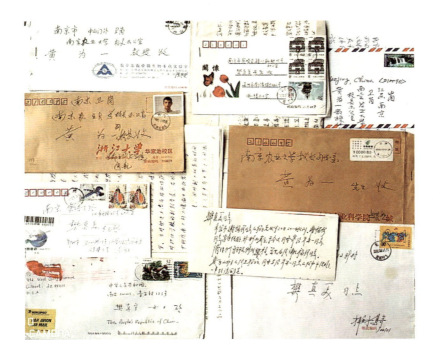

下面撷取一些片段以飨读者。

珍贵的纪念

华中农业大学陈华癸院士写道：

我和樊庆笙在事业上合作近 50 年。我们最初于 1945 年在重庆认识。1952 年在北京的一次会议上，两人同住一室。此后南京农学院和华中农学院两校为我国微生物事业的发展长期一道工作。庆笙教授的敬业精神，高尚人品，反对伪科学旗帜鲜明的态度，堪称典范。

新中国成立之初，农业院校没有我国自己的微生物学教材，师资严重缺乏。华中农学院和南京农学院成为微生物学教师进修的重要场所和第一批培养三年制研究生的学校。20世纪50年代中期，庆笙教授和我合作编写和出版了《微生物学》和《土壤微生学》。

1979年，由他（指樊庆笙教授）组织和安排在江苏太湖东山举行《微生物学》第三版修订讨论会。由于"文化大革命"而造成的闭塞，当时教师们对微生物学的新发展知之甚少，迫切需要一个新版教材。讨论会邀请了农业院校大部分微生物学主讲教师参加修编和审稿，既保证了修订质量，也使到会教师们获得了新的知识。第三版为20世纪80年代我国农业微生物学教学质量的提高提供了重要条件。10年后《微生物学》第四版修订是他和我共同进行的，它的出版适应了20世纪90年代的需要，获得全国优秀教材奖。

在几十年的交往中，庆笙教授做人风格令人佩服。他对同仁和学生十分宽容，在学术交往中融会深情，对晚辈诲人不倦，是一位亲切的长者。在交往中体现君子风度，我们长期合作清淡而情深，也培育了晚辈的友谊。然而，他对伪科学则毫不留情，旗帜鲜明地揭露和抵制。20世纪80年代，南京王某认指线虫根结为固氮根瘤，扬言取得重大发明，从而引发了一场全国范围内科学与无知、真理与谬误的大抗争。一时间媒体中的个别人也兴风作浪，站在伪科学一边大肆操作。某地某某杂志也发表评论和封面照片，支持王某人的错误，影响极其恶劣。他们的代言者们叫出擒贼先擒王，将攻击目标对准樊庆笙教授。某日报一女记者甚至在樊庆笙教授办公室对他纠缠，施加巨大压力，要他接受错误结果。庆笙教授巍然而立，揭露错误，捍卫真理。他带领全国同行，粉碎了嚣张一时的伪科学闹剧。庆笙教授爱憎分明的高尚气节是学术界的光辉榜样。我一直怀念这位与之交往半个世纪的老朋友。

金陵大学校友、中国农业科学院卢良恕院士写道：

樊庆笙先生为人谦虚，克己奉公，严于律己，宽以待人。在他身上，充分体现了中国知识分子爱国、敬业、勤奋、严谨的美德。他不顾个人安危投身中华民族的抗日复兴运动；殚精竭虑地推动我国农业微生物事业的发展，以及在 83 岁高龄的时候抱病组建金陵研究院的感人事迹，激励着一代又一代农业科研及教育工作者奋发图强、励精图治，为加快我国传统农业向现代化农业的转变以及农业科技的跨越发展作出了应有的贡献。

金陵大学校友、国务院外国专家局农业组左天觉写道：

樊老师的音容笑貌——在我面前，他温文尔雅，不疾不徐，他的讲话和文章简洁清楚，没有废话，不自我表扬；对学生教诲认真，慈祥爱护；办教育身体力行，高瞻远瞩。为中国农业，为学校，为国家，能像樊老师一生敬业不苟鞠躬尽瘁者，天下能有几人？高山仰止，我们做学生的敬佩之余，只有更努力、再努力，不辜负老师的期望，报答于万一。

中国科学院余永年研究员赋诗：

怀念樊庆笙教授

余永年

菌物睿哲四海春，

蜚声中外九州尊。

学富五车融古今，

才高八斗潜慧根。

留美梦萦桑梓月，

坎坷未忘故国魂。

德才双馨情万缕，

鞠躬尽瘁励后昆。

华中农业大学李阜棣教授写道：

樊老培养了一批又一批科技人才，桃李满天下。樊老培养人才的功绩不可单纯以数量相衡，他高尚的人品和优良作风深深感染着学生们和学术界同仁，因而培育了我国农业微生物学术界的优良传统和风气。学校和学校之间以及学会和学会之间，农业微生物学领域同行们非常团结合作，相互学习和支持。

我当时受陈华癸先生委派来宁协助樊老工作。他为我国农业教育事业的发展而呕心沥血和诲人不倦的精神，使我深受教育和感动。他放手让我工作，使我在教学的实践中得到锻炼，我感受到他和蔼可亲，使我无拘无束。我经常说，我是樊老的一位走读生，他是我最崇敬的良师益友，待晚辈如朋友，为严师而可亲。樊老的修养达到至高境界，在行为中传授做人规范。他的高尚人品在我国微生物学界有广泛而深远影响。我难以表达其中之万一。正如古人所云：云山苍苍，江水泱泱，先生之风，山高水长。

金陵大学校友、南京林业大学教授周湘泉回忆：

解放前我在金陵大学选读普通植物病理学，一次实验课上首次见到樊师，蓝布长衫一袭，足登圆口布鞋一双，亲临实验室指导我们的实验课。当时好多同学都不认识他，还以为他是实验室的辅助人员，当得知他是植物病虫害系系主任、堂堂大教授樊庆笙博士时都大吃一惊。真没想到一位美国教会大学的教授、系主任、留洋回来的博士，其外表竟是这样朴实无华，崇敬之心油然而生。

樊师一直住在20世纪50年代分配给他的青石村123号，尽管学校有多次调整宿舍的机会，但他从未有搬迁新房的念头。南农复校从扬州回到南京20多年来，他每天上下班都和普通职工一样，总是提前站在候车地点等候学校的交通车排队上车。就在他身任南京农学院院长的年代也是如此。

有时他因工作、开会不能及时赶班车回家，从来不要小车送他回家，总是步行到卫岗乘公交车回去。我听学校的小车司机师傅说："在这个学校里，我最敬重佩服的就是樊院长，从不沾公家一点便宜。"

1988年到1991年，我每周有三天协助樊师工作（注：编写《农业百科全书·生物学卷》）和樊师同桌进餐。他总是一个饭盒内装饭菜，无论寒暑，稍热一下，草草了事的结束了这一日的"正餐"。当时樊师已是年逾八旬的老人，每天都是这么简单的中餐，饭后也和我这"年轻人"一样，往藤椅上一靠，打个盹儿，休息一下，随后又是孜孜不倦地开始下午的教学、科研工作。数年如一日都是如此。尽管校方为他安排过专门午休的房间和卧榻，但他为了节省时间从未光顾过。樊师对生活上要求可说是简单到了"马马虎虎"的程度，而对照他对教学、科研工作的"苛刻"要求，真使人感慨万分。

南京农学院研究生、天津师范大学周璧华教授回忆樊老师：

他是一位非常严格的老师，他那严谨的、一丝不苟的作风，自始至终贯穿在科研、教学的每一个环节中。有一次，我违反了无菌室操作规则，老师没有让我再进无菌室，整个上午都是他一个人在无菌室忙个不停。我急哭了，悔恨自己做事不认真。晚上老师找我谈话，亲切地对我说："无菌室能随进随出吗？这样如何保证无菌要求，看来是小事，实际上反映了你对工作不负责，无责任感。你工作不严谨，又怎样培养出严谨的学生呢？"老师苦口婆心，深深触动了我。老师慈祥地拍着我的肩膀，问我吃过晚饭没有，我满脸泪痕地摇摇头。老师拿出一盒他早准备好的点心。望着这一盒点心，望着老师远去的背影，我感到老师既是我的严师，更像我的慈父。

1980年6月的一天，《光明日报》的记者来采访他，我恰好也在。当他谈到一些往事时放声大哭，我第一次看见老师这样激动，我虽不知道老师这些年的遭遇，但从他苍老瘦削的脸上能看出他曾遭受过的磨难。我完全理解老师的心情，平反还了老师政治上的清白和学术上的地位，但还不了他20多年在事业上的损失，他痛惜他失去的宝贵年华和一生做学问的黄金岁月。我被老师的真情所感动，也泪流不止。后来，我轻声轻语劝他说："老师把科研搞好，书教好，多培养些研究生、博士生算了。"他马上直眼瞪着我说："我要把失去的时间夺回来！夺回来！要把有生之年贡献给祖国的农业科技事业！"一个人受了那么大的冤屈和磨难，一心想到的仍是报效祖国，我不能不对眼前这位老人肃然起敬！

南京农业大学娄无忌教授写道：

1960年，我和另一位刚毕业留校工作的毕业生被安排到南大听课。当时处于经济困难时期，公共汽车很少，半个多小时才来一辆，我们经常一早动身，从卫岗步行10余里到南大听课，沿路烧饼店都要排长队等候，因此不敢排队买烧饼吃，经常饿着肚子听完4节课。樊先生知道了，把他家里每人仅有的几两糕点票送给了我们，让我们买个面包当早餐。当时樊先生的子女都在长身体的年龄，他们也很需要。但先生为了我们集中精力学习，把按户口分配的仅有的一点糕点票给了我们。先生的关怀激励我们克服一切困难，认真学习，努力完成学习任务。

南京农学院研究生，扬州大学教授刘自强教授回忆：

樊师学问精邃，科研功底深厚，他把毕生精力贡献给科研和教育事业。培养人才，不遗余力，无私支持。20世纪60年代国家经济困难时期，食品供应紧张。我校接受任务，进行单细胞（白地霉）蛋白质研究。由于缺乏资料，对研究前沿不了解，只能求助病中的樊师，樊老师抱病回信对这项研究作了详细说明，同时寄来英文资料和参考文献目录。在试验期间，樊师不断给予咨询和指点。试验后期，产生了对单细胞（白地霉）蛋白质安全性的争论。樊师鼓励我："这项试验前所未有，不能主观臆断，应以实验数据为证。"他亲自去函向有关单位查找材料，并介绍我与上海细胞研究所合作进行单细胞（白地霉）安全性试验，最后以事实和数据证明了单细胞（白地霉）蛋白质的安全可靠性。樊师的无私支持，给我无限力量。经鉴定，投入生产，取得了成果。1980年获得了江苏省科技进步奖。樊师引导我做的另一科研项目——细菌农药在1982年获得农垦部科技进步奖。

樊师秉性正直，作风正派。他孜孜不倦的工作，正在"起锚扬帆"之际，在风雨变幻中蒙受不白之冤，身陷逆境，忠于职守，饱受磨难。他始终坚定信念，坚持真理，他花费大量时间和精力编写的《微生物生理学》，为我国农业微生物学基础理论教材填补了空白。他心清如水，淡泊名利，一贯寄希望于青年一代成长。对我们青年教师编写的教材讲义和翻译的文献资料与科学研究报告，他认真修改，润饰文字，自己从不署名。樊师一身坦荡，不计荣辱，甘为人梯，乐于奉献，是吾侪终身学习的榜样。

南京农业大学沈爱光教授回忆：

樊庆笙教授是我的老师，我是1957年进入南京农学院土壤农化系的。在樊先生的精心培养下，我走上了南京农业大学的教学岗位，成为高等院校的一名教师。樊老师对我的谆谆教诲，至今历历在目，难以忘怀。有一次我从土壤中筛选固氮菌，两天后发现培养皿中长满杂菌，我不假思索地把它倒了。樊先生知道后，及时找我谈话，问我为什么轻易处理掉？有没有找原因？有没有观察到异常菌落？你所用的器皿是不是你亲自动手清洗的？他严肃地告诫我："搞科研工作，不但要勤于动手，更要善于动脑。要认真观察思考，发现问题一定要找出为什么，一步一个脚印。这样成功了才能得到经验，失败了也能找出教训。"他的教诲，使我得到深刻教育，从而逐步养成严肃认真、勤于思考的作风，较好地完成了教学和科研任务。

中国科学院南京土壤研究所李振高研究员回忆：

樊庆笙先生在 1954 年—1957 年兼任中国科学院南京土壤研究所研究员，具体指导土壤微生物研究室的研究方向、选题、计划制定及人才培养工作，为该室的创建和学科发展奠定了坚实的基础。后来，他因工作繁忙，不再兼任我所研究员，但仍经常关心和支持我们的研究工作。

"文革"期间，南京农学院迁往扬州，教师们几个月才能回南京家里一次。这对他来说是多么宝贵的时间，但他每次要回南京时，就来信告诉我回来的日期，届时我就一早带着书本、资料前往他家，谈及研究工作，请他给我斧正文章，聆听他的教诲和指导，师母还热情招待我用餐，直到晚上才回所。真有"三年苦读，不如名师一点"之感。

回忆往事，我历历在目，记忆犹新，感激之情难以言表。

江苏省里下河地区农科所戴承铺研究员回忆樊教授在扬州指导紫云英北移：

在 20 世纪 60 年代一个秋天下午，一位长者风尘仆仆来到扬州，经他自我介绍，方知是我仰慕已久的著名的微生物学家——樊庆笙教授。他是来农村考察、指导工作的。我陪他每天行走二三十里，从高邮走到兴化，考察基点。所到之处无不深深感到自然灾害给农民带来的苦难……大田一片萧疏、农业生产很不景气。我们同吃同住，住的是极其简陋、卫生条件极差的农村旅店。一日三餐不仅非常一般，甚至难以吃饱。5天的行程中，樊先生不仅没有一句怨言，而是更加激发他发展农业生产的责任感和紧迫感。我们经常谈至深夜，聆听他的理想和教诲，使我更坚定了献身微生物事业的决心。他不仅是我事业的领路人，同时也成为我终身的良师益友。

在樊先生的指导下，里下河地区农科所进行了沤改旱和旱改水两种类型土壤微生物区系变化的定性分析，他带领我们找出了引种紫云英屡遭失败的根本原因，是当地土壤中缺少根瘤菌，并指导我们通过广泛采集样本，在兴泰广陵的农民田里，成功分离获得了一批紫云英根瘤菌。1964年，经高邮、宝应、兴化、邗江等7个基本点试验，紫云英接种根瘤菌后，生长正常，安全过冬，绿肥亩产近万斤。从此为紫云英北移拉开了序幕。

樊先生指出既要掌握国外先进技术，又要结合国情，做出自己特色。1978年，我所建立气相色谱分析固氮酶活性系统，对紫云英等绿肥的共生固氮进行生理研究，并利用固氮活性做技术指标，建立根瘤菌快速筛选的新方法，大大缩短了根瘤菌的育种周期。

江苏省微生物研究所卜华祥研究员回忆：

1979年后，樊老先后担任江苏省食用菌科技领导小组组长和微生物研究所技术顾问。我任科技领导小组副组长，协助樊老做具体工作，因此和樊老有较多的接触。樊老谦虚、博才、朴实、平和的作风给我留下深刻的印象，他为我国的食用菌事业作出了重大贡献。

1984年，食用菌科技领导小组制定了江苏省食用菌技术开发和有关机理研究的中长期规划，樊老亲自修改定稿上报。这个规划提出了发展我省食用菌的指导思想和重点研究内容，提出了我省发展食用菌的近期和中长期目标及实现目标的具体措施。樊老还特别重视食用菌科技资料的交流和科普宣传工作。他倡导创办发行了我省《江苏食用菌》杂志，担任主编，享誉全国。不久他又被聘为《中国食用菌》杂志副主编和中国食用菌协会名誉会长。

　　樊老的博学多才及在食用菌技术推广应用上卓有成效，省内外科技工作者和澳大利亚专家来江苏交流后，引起了国内外友人对江苏省食用菌的研究成果和生产发展的极大兴趣和高度重视。1989 年 11 月，"国际食用菌生物技术学术讨论会"在南京举办。樊老用英语作了"中国食用菌生物技术的回顾和展望"的报告，阐述了中国食用菌生物技术的现状、发展趋势和展望，提出了加强国内外交流的设想，得到国内外专家一致好评。1995 年，澳大利亚专家洛松先生多次提出希望在南京再开一次国际会议，由于许多国际友人的支持和樊老的努力促成，得到了国际蘑菇协会的赞同以及南京市和江苏省微生物研究所的大力支持，决定于 1998 年在南京召开"国际食用菌科学及栽培大会"。由于樊老会前抱病为大会作了许多有益工作，这次大会开得十分成功。境外代表多达 80 余人，国际蘑菇协会主席、秘书长、全体执行委员都来了，盛况空前，影响巨大。十分遗憾的是樊老在开会前四个月永远离开了我们，没能亲自主持会议。由于樊老在国内外享有巨大声望，同时为了感谢樊老对大会所作的贡献，全体代表起立，默哀三分钟，对樊老表示了深切的敬意。

南京农业大学校友、河南农业大学教授贾新成回忆：

　　1980 年是樊庆笙教授最值得庆贺的一年。这一年，他获得彻底平反，改正了 1957 年对他的错误结论，不久出任南京农学院院长并加入了中国共产党，一连三件喜事。我有幸参加了批准他入党的党员大会，当全体党员一致举手通过他的申请后，他非常激动地说，愿将有生之年全部贡献给党，这使我非常感动。虽然他受到20多年不公平的待遇，他仍然十分热爱中国共产党，相信共产党，愿意为建设自己的祖国努力工作，奋斗终身，他以后的实际行动完全证明了这一点。

樊庆笙教授的人品更是国内闻名。他从不与人争名，尊重别人劳动；他热爱祖国和人民，献身祖国教育事业；他忍辱负重，任劳任怨，顽强拼搏，为祖国农业微生物事业培养了大批科研和教学的骨干人才，真可谓一代宗师，桃李满天下。

南京农业大学黄为一教授回忆：

"文革"结束后，恢复研究生招生，怀着学习科学知识，振兴中华的激情，我报考了樊师的研究生。第一次见到樊师是在一个秋天下午，花白头发、白衬衫、提着一个人造皮革包的樊师到学生宿舍来看我们。那时研究生大多已有家庭，不少夫妻孩子还分居两地。樊师问我们，生活有没有困难，家庭是否安排好。还说你们又要来当学生了，又要艰苦奋斗了。南农在20世纪80年代住房十分紧张，樊院长亲自关心研究生家属的工作调动、户口安置及临时住房安排。他对学生的关心无处不在。

樊师在给研究生上课时要求教研组老师都来听。鼓励青年教师学外语，他说不能停留在眼前的教学工作，要迅速恢复与国际学术界的联系。他鼓励研究生参加出国选拔统考。为了提高所有教师的外语水平，他让教师轮流脱产参加英语培训，讲课的老师不够了，他主动给上百人上大课。当时他已经70高龄。

樊师对学生的要求很严格。他在批阅研究生论文时都认真修改直到标点符号。修改后的论文必须再抄一遍。（注：当时没有打印设备）樊师教导我们对工作要锲而不舍，不断钻研，对荣誉置之度外。

樊师和黄为一的合照

20 世纪 80 年代末，评奖风渐浓。有一天我们准备材料想申报，被樊师知道了，他严肃地指出："你们的研究是否圆满了？是否没有工作好做了？把工夫花在自我报奖上影响研究的深入。"

我出国前夕，他在院长办公室约我谈了一个多小时。语重心长地对我说："早去早回，把国外的新科学技术带回来，把我们的实验室也建成先进的实验室，和大家一道把教学科研搞上去。"最后樊师和我合照了一张相。

我出国后，不定期地向樊师汇报学习情况。有一次，他写信来说，他的助手刘梦筠老师不幸去世了，微生物系急需要人，问我能否早点回国。那时我已有国外奖学金，我读信时眼前浮现了樊老凝重而又慈祥的面容，他那带着殷切希望的眼神告诉我，我应该及早回国服务。我立即动身回国了。

黄为一先生为了祖国的需要，放弃国外奖学金，提前回国，丹心可鉴，难能可贵。他在海口时，我（樊真美）和他通话说："你的文章好像没写完，最好补充写一些你回国后承担的工作。"他谦虚地说："那就不必了。"想不到这竟是我和他最后一次通话，那熟悉的扬州口音至今还在我耳边萦绕。他不幸突然去世，他的同学、同事和学生以及所有认识他的人都悲痛不已，南农大失去了一位深受学生爱戴的好老师，他一生做了许多好事，从不自我表扬。

　　南京农业大学李顺鹏教授写道：

　　1980 年 9—10 月，樊庆笙教授受农业部委托邀请美国加州大学 Hungate 博士和尤爱达博士来华办中国第一期厌氧微生物学讲习班。当时南农刚复校，条件很差，在简易房里上课、做实验。但学员们学习认真。经过一个月的培训，学到了系统完整的厌氧微生物学理论知识和实际操作技能，……

环境微生物学实验室厌氧操作箱（2020，生科楼）
左起：陈凯 闫新 蒋建东 洪青 李顺鹏 乔文静

环境微生物学实验室教师合影（2020，生科楼）
左起：乔文静 徐希辉 黄星 洪青 李顺鹏 蒋建东 闫新 陈凯 成明根 王保战 何健

学员们都来自科研所和大专院校，从中培养出了钱泽澍、赵一章、刘聿泰、王天光等国内第一批厌氧微生物学专家和学者。1982年10月，樊庆笙教授又邀请加州大学的Doi教授和尤爱达博士来华办第二期厌氧微生物学讲习班……在两期讲习班的带动下，南京农业大学厌氧微生物学实验室在教学科研、人才培养与科研成果转化方面，取得了显著成绩与丰硕成果。我们到2002年我们已经培养出十几名厌氧与环境微生物学的理学博士和硕士。先后分离4株产甲烷菌株，并从瘤胃里分离出4株厌氧真菌。研究了沼气发酵过程中主要微生物生理群的演替、物质转化及其对产气率的影响，并利用沼气发酵液进行防治某些农作物病虫害的研究，均取得比较好效果。

可以告慰樊先生的是，他亲手建立的中国第一个厌氧微生物学实验室，经过20多年的建设和发展，已初具规模。20多年来，先后承担了国家科技部、农业部、财政部等国家与省里多项重点项目，取得多项科研成果。在沼气发酵微生物和沼气发酵残留物的综合利用，农药残留的微生物的降解与有毒难降解工业废水的处理和应用方面都取得了较大的成绩，为江苏省与华东地区的环保事业和国民经济建设作出重要贡献。

南京农业大学研究生、上海农科院潘迎捷教授回忆：

我是1983年进入南京农学院微生物学专业，师从樊老从事生物固氮研究。入学不久，在樊老的院长办公室短短的20分钟的谈话中，樊老对我提出了很高的要求。他要我抓紧把基础补好，并告诉我科学研究是一项很艰苦的事业，要有充分的思想准备。

在南京农业大学（1984年，南京农学院更名为南京农业大学）三年硕士研究生的学习中，樊老对我们的要求是十分严格的。每天早上，樊老8点不到已经到学校，他首先进的不是办公室，而是实验室。他要求我们每天不论工作到几点，结束前一定要把实验室收拾得整整齐齐。有几次我没有做好整理工作，樊老就严肃地批评了我。他就是从这一件件细小的事情和环节来培养、训练我们的作风。现在我又把樊老对我的批评来教育我的学生。

樊老在工作中是一位严师，在生活中又像一位慈父关心我。特别是毕业时，由于我父母身体不好，需要我回去照顾。樊老为此不仅亲自帮我联系了上海农科院，又向学校介绍了我的情况，希望给予照顾。因为当时进上海是很困难的，在樊老的帮助下，我顺利回到上海，这是我事先不敢想象的事。

1995年，我获得了上海自然科学牡丹奖，组委会提出请导师来参加颁奖活动。樊老不顾年事已高，手术后不久，又是冬天，从南京专程赶到上海，参加颁奖仪式。……我的心情十分激动，真是百感交集。我从一个下乡知青，到上大学读研究生，现在又在事业上取得了一些成绩，都是樊老给我的巨大帮助和支持，我作为樊老的学生感到荣幸，更作为樊老的学生感到自豪。

樊老临别送行潘迎捷 摄于南京农业大学

南京农业大学校友、企业家李德明回忆：

我是1977年高考恢复的第一届学生，无比珍惜这来之不易的学习机会，对大学生活也充满了憧憬。

进了南农大就听说有一位平易近人的樊庆笙教授。大家都尊重地称呼他樊老。等到了我们有机会听樊老师课的时候，才对樊老师的严谨治学、诲人不倦有了逐渐的了解。和想象中不苟言笑的大教授不一样，樊老师讲课很有趣、生动。除了给我们传授课本上的专业知识，还鼓励我们扩大知识面，眼光看远，到科学的海洋里探索，追求知识的真谛。时至今日，他的谆谆教导，我一生都难以忘怀。

记得有一年暑假，我想做一些根瘤菌的菌种筛选，用筛选的菌种接种紫云英和其他非根瘤菌类的植物上的实验。其实，我对书本上说的根瘤菌半信半疑，想自己动手看看是不是像书上说的那样，根瘤菌还能固氮？作为一个学生，我向樊老师提出这个想法和要求的时候非常忐忑不安，自己觉得有点过分了。想不到，樊老师竟然同意，还让实验室吉正明老师协助我。在整个假期里，樊老师多次到实验室看我的实验，还亲自到温室里看植物生长情况，有时还待很长时间，算数据的时候，非常认真地复审每一组数据。看到樊老师这样一个大教授对学生的"练习"实验数据都这么认真，我甚至有一点后悔，自己这样一个"想弄明白道理的想法"是不是浪费了樊老师太多的时间。实际上，樊老师对待实验不管是大实验、小实验，始终都是一丝不苟、精益求精。樊老师这样严谨的治学作风，深深影响了我，我至今都保留了樊老师的工作作风，凡是公司研发部门或车间出来的任何资料我都审核一遍。

　　后来，我有幸被选送出国学习。学成回国后，我萌发了放弃科研，自主创业的想法。这个想法让我忐忑不安，不知道怎么向我的恩师开口。在经过激烈的思想斗争后，我还是向樊老师坦白了自己的想法，那一刻，老师沉默了许久。我想他当时一定对我这个"不务正业"的学生深深失望和生气。当时我真想躲起来，生怕气坏了他。谁知道，樊老师叹了一口气却说："如果你决定了，你就去干吧！"

　　我记得，年过古稀的樊老还去了一趟我家，劝我妈妈同意我创业。我妈妈非常尊重樊老，也就同意我自己创业。白手起家创业谈何容易，困难重重。樊老师怕我没经验，几次抽时间陪我一道去苏州参加与外商的谈判。我很感动也很惭愧，作为樊老师的学生，这么多年接受他的培养，现在还让他操心，他年纪大了，我不能够为他分担什么，我心里一直暗暗发誓，等我创业成功了，一定支持樊老师他一辈子奉献的科学事业。

中国科学院研究员张效朴等四人参加了南农大生科院纪念樊庆笙先生诞辰100周年会议后，寄来文稿。全文如下：

樊庆笙老师与我们"三同"的故事

中国科学院南京土壤研究所 研究员张效朴

2011 年 11 月 14 日，我们四人（王天光、张道明、朱增炎、张效朴）权作为南农大土化系九一班的代表，参加了南农大生命学院为纪念樊庆笙先生诞辰 100 周年举行的活动。在大会及座谈会上，有关的领导、樊老的同事、他的许许多多的学生及国内外的朋友和亲人对中国青霉素研制的先驱——樊庆笙先生的事迹，诸如他为中国微生物学事业发展作出的不朽功业，他的光明磊落、克己奉公、谦虚谨慎、爱生如子的高贵道德品质，实事求是、严格严谨的治学风范，认真负责、一丝不苟的工作态度，含冤忍辱、呕心沥血、为国为民而忘我奉献的高尚情操和精神等所作的称颂与述说，为樊老谱写了一曲可歌可泣的亮丽诗篇！使我们深受教育和感动，也促使我回忆起了半个世纪前樊老师与我们一道下放农村，与农民同吃、同住、同劳动那段"三同"的往事。

那还是 20 世纪 60 年代初的事情。1960 年春，我们土化系九一班（全班 26 位同学）被学校宣布由土壤农业化学专业转为"土壤微生物专业"——这是南京农学院有史以来第一个"土壤微生物专业"的班级。而樊老师是南农大微生物专业方面唯一的知名教授，因此，培养教育我们这个微生物专业班的主要重任便自然地落到了樊老的肩上。为了我们，他除去需讲授普通微生物课外，还必须重开好几门专业课，如"微生物生理学""微生物研究法""微生物实验"等。又由于这些课程都是最主要的专业课，所以无论是课程的深度、广度，还是课时数都有了很大的扩展和加深。因此，樊老师必须重新、尽快地编写新教材。时间是那么紧，他将付出多大的辛苦是可想而知的。但是再辛苦樊老师也会甘当此重任，因为他那顶被错划的"右派"帽子才刚摘掉，他要把教好我们这个专业班当作他事业的重新起点。

然而，恰恰就在刚宣布我们班转专业不久，学院又宣布"九字头"的学生一律下放农村搞"社教"，要求下去后要与农民"同吃、同住、同劳动"，每个班级配三位老师一道下去。我们班被分到石臼湖畔的溧水县渔歌公社陈家大队，老师有薛爱芙和计为农，另外一个竟然又是樊老先生（学校没有给他时间留他在校内编写新教材）！

当时正值困难时期，渔歌公社又尤其困难：农民的粮食十分缺乏，加之某些社、队干部的不法行为，不少农民已经饿死，个别的甚至全家八口一人未剩，真有些"万户萧疏鬼唱歌"的景象。少数劳力已逃走，村里剩下的多为老弱病残，很少有几人能下田劳动。我们全体男生（包括樊老师）被安排住在一间较大的仓库房里，房子由于年久失修，下大雨时，房内有几处像是下小雨。所住的床铺，是用旧的竹竿片子钉在木棍上粗粗糙糙地临时制成，两竹片之间有二三指宽的空隙。我们吃的是食堂，一天三餐全

2011年张效朴、王天光、张道明、朱增炎参加樊庆笙诞辰100周年纪念会

是稀饭，主要的菜是萝卜干或生酱，历时八个多月，顿顿天天如此。村上的农活多数要我们这些学生和老师去干。樊老师和我们经常是一同肩扛锄头，手拿镰刀，一同下田去割麦、刨地，一同揣着个瘪瘪的肚皮，去插秧、除草、耘禾……与我们不同的是，在下雨天或稍稍农闲时，樊老师还要给学生教课。由于劳动很多很累，上课时有的学生在底下打瞌睡，而老师则必须挤出时间备课，全神贯注地上课。当时樊老师已是五十来岁的人了，他是来自旧社会的大知识分子，哪里经受过这样的苦呀！但是，樊老师除做这些之外，他还经常在饭后的短暂休息时间教我们观看他临时制作的显微镜涂片（显微镜是他自己在下放时随身带来的），教我们辨认某些微生物和操作使用显微镜的基础技术，以培养我们的专业兴趣，他的用心何其良苦！

给我的印象更深刻的是，有一次他与我们一道扛着除草的耙子，卷起裤脚到水田里除草。时间已经十点多钟，大家的肚子已经有些饿了，但还远未到回家吃饭的时候，我们个个很累、很无聊，于是有个同学累中寻乐，突然提出，请樊老师给我们唱支歌好不好？大家一起附和。我虽然也随着附和，但估计樊老师会推辞。然而让我未想到的是，樊老师居然应允了，而且他唱了一支非常符合当时情景的歌。他一面继续耘禾，一面带着常熟的地方口音有些上气不接下气地唱到："拿起了锄头锄野草呀，锄去了野草好长苗呀，咿呀嗨呀呵嗨，锄去野草好长苗，呀呵嗨咿呀嗨。"在同学们一面叫好、一面更起劲耘禾的同时，我的眼睛湿润了，我很受感动，因为我意识到，樊老师在看到大家都很疲倦的情况下，为了给我们鼓劲，才强打起精神唱的。他对我们班学生的爱护和言传身教的良苦用心由此可见一斑！这支歌我以前未曾学过，但是，自从听过樊老师唱后，我一直牢记在心，直到五十年后的今天，我仍然能学着樊老师的音调唱出来。樊老师的音容笑貌仍然鲜活地存在我心中。

樊真美的回忆

在大家的印象中，樊先生是不会唱歌的人，在我童年时，爸爸却教我唱过一首歌，也是我听他唱的唯一的一首歌。那是 1948 年，妈妈带了弟弟和出生不久的妹妹回苏州外婆家了，家里只有爸爸和我。晚上爸爸教我唱岳飞写的《满江红》。他用浑厚的低音唱道：

怒发冲冠，凭栏处、潇潇雨歇。抬望眼、仰天长啸，壮怀激烈。三十功名尘与土，八千里路云和月。莫等闲、白了少年头，空悲切。

靖康耻，犹未雪。臣子恨，何时灭！驾长车，踏破贺兰山缺。壮志饥餐胡虏肉，笑谈渴饮匈奴血。待从头、收拾旧山河，朝天阙。

当时小学生的我并不解其意，却记得了唱词，到现在还会唱。长大了才慢慢理解了这首千古绝唱的爱国词作，才读懂了父亲的内心世界。民族英雄岳飞的这首词，已注入父亲的生命。面对日寇的侵略，他毅然回到灾难深重的祖国，投入抗日的洪流；他把一切功名看得犹如尘土，甘当铺路石子为来者铺路；又甘当蜡烛，燃烧自己，照亮后人。在漫长的岁月里，他心中的苦楚有谁知晓！他的宏大抱负，他的拳拳报国之心有谁理解！正是这首词使他振作，使他泰然面对一切苦难，将个人的荣辱得失置之度外；也正是这首词，激励他在生命的最后 20 年抱着重建南京农学院的决心，拼命干了 20 年，为振兴祖国的农业教育事业和农业科技事业一直奋斗到生命的最后一刻。

同窗情　师生情

樊教授任教60年为祖国培养大批农业科技人才和农业高校教师，桃李满天下。

师生三人，左起：魏景超 樊庆笙 殷恭毅（摄于成都）

1998年10月李宗道教授来宁参加金陵大学建校110周年纪念活动，和樊真美、樊真宁（摄于南京大学金陵苑）

当年金大西迁成都时同住一个宿舍的4位年轻学者的宿舍被称为"四知斋"，后来他们都成为全国知名专家，这是他们晚年唯一一张合影
左起：汪菊渊 樊庆笙 齐兆生 裘维蕃

樊庆笙 裘维藩 汪菊渊

樊庆笙 方中达

1987年欢迎金陵大学校友林传光（菲律宾马尼拉国际水稻研究所植保系主任）回母校
左一殷恭毅 左三樊庆笙 左五林传光 左六方中达

樊庆笙和周伯埙（南京大学教授，金陵研究院筹备委员会副主任）

师生三代 左起：贾新成 樊庆笙 凌魁

和学生葛诚席地而坐，促膝谈心

看望老师
前排：中间周璧华　后排：左一贾新成、左三潘迎捷

20世纪50年代的研究生黄毓庆看望老师

周学长和"五朵金花"看望病中的老师
后排左起：娄无忌 林佩真 周湘泉 殷永娴 李惠君 萧乃华

看望病中的老师
后排左起：洪葵 王楠 鲁新成

最后用南京农学院校友、浙江大学生科院闵航教授的诗结束本篇。

一个后人对学海参天大树的追忆
——写在樊庆笙先生九十诞辰之际

2001，2001，

这一新的千年，新的世纪，

先生九十诞辰沐浴在和煦的春风里，

追忆，追忆，

这是一棵小草对一棵参天大树的追忆，

这是一个后人对一个学者大家的追忆。

当迷茫的我来到紫金南麓，

就听说了，

先生的学识，

先生的为人，

先生的际遇，

先生的风骨。

尽管，只是偶尔看到

先生的满头白发，

先生的教材论著，

先生的匆匆步伐，

先生的轻轻细语。

就在那时，

就在那时，

在后人的心里升起，

对参天大树的仰慕。

暴风雨后的晴天下，

听说了，先生在风雨中，

为了紫云英北移呕心沥血。

听说了，先生在风雨后，

为了新南农的振兴奔波呼吁，

听说了，先生在阳光下，

为了创世纪的追赶夜以继日，日以继夜。

我，一个毫不显眼的学海后人，

更有幸获得先生的学海滋润，

有幸获得先生的直接教诲，

有幸获得先生的真心扶引，

有幸获得先生的论著馈赠。

对于我，对于所有的学海后人，

您没有压顶之势的俯视，

您只有推心置腹的亲切。

直接的，间接的，

认识的，不认识的，
大事，小事，
您都会记挂心头安排有序，
您都会极尽绵力操笔作荐。
您都会帮助拨开道路上的荆棘，
您都会帮助铲去道路上的泥泞。

可你对自己，却是
从不看重身外的荣誉，
泰然处之飞来的冠冕，
既不贪图悠闲的安逸，
更不玩弄显赫的权贵。

午间时分，只是小憩于
办公室一隅的陋椅。
七旬高龄，一院之长，
仍与普通教师一同挤在校车里。
您袒露的只是无虚无伪的自然本色，
您追求的只是无边无际的学海真谛。

这就是您，
在阳光和风雨中都挺立的大树，
在平辈和后人中都敬慕的学者大家。

这就是您

学海中永不停息的探索者，

后人可信可赖的扶引人。

您仰不愧天，

您俯不愧地，

您中不愧人。

您为后人留下了学海中丰盈的鱼，

您为后人教会了学海中如何去渔，

您为后人示范了怎样做一个堂堂正正大写的人。

樊庆笙教授生平

1998 年 7 月 13 日南京农学院党委书记管恒录在樊庆笙教授追悼会上的
发言稿

我国著名微生物学家、农业教育家、前南京农学院院长樊庆笙教授，因病
医治无效，不幸于 1998 年 7 月 5 日 19 时 14 分在南京逝世，享年 87 岁。

樊庆笙教授，江苏常熟人，生于 1911 年 8 月 4 日。1933 年于南京金陵大
学农学院以优异成绩毕业，留校任教。1940 年赴美，在威斯康星大学攻读农
业微生物学，1943 年获博士学位，并分别获得这两校的"金钥匙"奖。1943
年 11 月应征参加抗日，随美国医药助华会率医疗队辗转多国历经艰险，于
1944 年 6 月回到祖国，任昆明血库细菌学检验主任，同时潜心研制青霉素。
1946 年至 1949 年任金陵大学农学院教授、植物病虫害系主任，同时兼任中央
生物化学制药实验处技正，为研制第一支国产青霉素作出了卓越的贡献，是我
国研制青霉素的先驱。1949 年至 1952 年，任公立金陵大学教授，兼华东药专
（中国药科大学前身）细菌学教授，1950 年起任公立金陵大学教务长。1952 年，
院系调整后，任南京农学院教授、副教务长、学术委员会副主任。1954 年至
1957 年兼任中科院南京土壤研究所研究员。1981 至 1984 年任南京农学院院长。
1984 年后，任南京农业大学教授、农业微生物研究室主任、博士生导师，兼
任《中国农业百科全书》总编辑委员会委员、《中国农业百科全书·生物学卷》
编委会主任、《中国农业百科全书·生物学卷》主编。

樊庆笙教授是中国农业微生物学的奠基人之一，历任中国微生物学会理事
兼农业微生物专业委员会主任委员，中国土壤学会理事，中国生态学会理事，
中国食用菌协会名誉会长，江苏省微生物学会理事长、名誉理事长，等职。他

还是中国农学会、林学会、植物病理学会、植物学会、美国细菌学会会员。

樊庆笙教授学识渊博，卓有建树，在长达65年的教育与科研生涯中，先后从事植物学、植物分类学、植物病理学和农业微生物学教学与研究工作。为我国农业微生物学的发展作出了重大贡献。共生固氮是樊庆笙教授一生研究的重点，早在美国威斯康星大学攻读博士期间，即以大豆根瘤菌不同菌系的共生固氮效率为研究课题。在不断努力下，他于70年代大力开展了根瘤菌的应用研究，并取得了紫云英种植北移的重大突破，荣获1978年全国第一次科学大会奖；1984年，获江苏省科技进步奖。先后发表论文数十篇，主编《土壤微生物学》《固氮微生物学》等，他和挚友陈华癸教授主编的《微生物学》获国家教委优秀教材奖，该书重版数次，是我国40年来农业微生物学的主要教材。樊庆笙教授是南京农业大学微生物学科创始人，于1952年在全国率先建立农业微生物实验室，设立微生物学教研组。1980年6月受农业部委托，樊庆笙教授和陈华癸教授主办了全国农业院校农业微生物师资培训班，开创了农业微生物教学科研新局面。在樊庆笙教授的主持下，1980年9月—10月南农举办了全国第一个厌氧微生物学培训班，创建了我国第一个厌氧微生物学实验室；在他呼吁下，1985年樊庆笙教授受当时的农业部委托主持了我国农业重点院校的"微生物遗传和生物技术硕士研究生班"，把我国的农业微生物学研究推向分子生物学水平。1989年他主持的国际食用菌生物技术学术研讨会，展示了我国食用菌研究的学术成就，确立了我国食用菌研究和生产的国际先进地位。80年代他多次代表我国及学校出访，为恢复和建立新的校际关系，推动国际合作和交流，发挥了独特的作用。

樊庆笙教授热爱祖国，在抗日战争的烽火年代，放弃了国外的优厚待遇，毅然回国参加抗日。南京解放前夕，他积极参加金陵大学的护校工作，迎接新中国的诞生。1950年，他参加了中国民主同盟，历任民盟江苏省副主任委员、江苏省政协第一、第四届委员，第五届常委。1980年参加中国共产党。改革开放以后以更加饱满的政治热情投身于社会主义现代化建设，他作为主要发起人之一与金陵大学校友一起积极筹建金陵研究院，1995 年经农业部批准成立金陵研究院，樊庆笙教授任筹委会主任。八十高龄的樊老，不顾重病在身，殚精竭虑，为金陵研究院的建设、博士生的培养，为促进海内外的交流，操劳到生命的最后一刻。

樊庆笙教授的一生是艰苦奋斗、不断创业、无私奉献的一生。他将毕生的精力奉献给了我国的农业教育和科研事业，尤其是在 1957 年后，他虽处逆境，但仍坚信中国共产党是伟大、光荣、正确的党，始终忠诚党的教育事业，不怕艰苦、不畏压力、毫不气馁、矢志不移，在困难的环境中默默地为农业人才的培养和科研的发展勤奋工作。他一生爱校爱生，重视教育。在 1979 年恢复南京农学院时，百废待兴，他勇于挑起了复校后院长的重担，以身作则，顾全大局，在学科建设、师资培养、基本建设等方面做了大量的工作，为开创南农的新局面奠定了基础。

樊庆笙教授是我国杰出的科学家和微生物学界的一代宗师，樊庆笙教授的逝世，是我国农业教育、科研事业的一大损失，让我们永远怀他，学习他。学习他热爱祖国，热爱人民，热爱中国共产党，忠诚党的事业，生命不息，奋斗不止的革命精神；学习他为中华之崛起忍辱负重，任劳任怨，不为名利，顽强拼搏，开拓进取的创新精神；学习他坚持真理，实事求是，反伪求真的科学态度；学习他谦虚谨慎，严谨治学，言传身教，甘为人梯的高尚品德；学习他克己奉公，一生清廉，无私奉献的献身精神。让我们化悲痛为力量，同心同德，为振兴中华，为实现农业现代化，为南京农业大学的腾飞而努力。

樊庆笙教授永远活在我们心中！

敬爱的樊老安息吧！

编后记

在樊庆笙教授诞辰 110 周年之际，为了纪念这位为祖国农业教育和农业科技事业无私奉献了 65 多年的老科学家，为了传承和发扬他和老一代知识分子为实现强国梦，历经艰难不屈不挠的奋斗精神，学习他们实事求是、勤奋踏实、严谨认真、一丝不苟的工作作风以及敢于创新，敢于坚持科学真理，敢于和形形色色伪科学斗争的精神，我编著了这本《飞越驼峰航线——樊庆笙的科学报国之路》。

在编写过程中得到南京农业大学校领导、校友会和老师们的大力支持和帮助。学校党委书记陈利根教授欣然应允，在百忙之中为本书作序，其言谆谆，其情切切。校友总会办公室主任张红生教授组织了校友总会办公室工作人员、干部和学校部分资深老师参加审稿。他们是：张红生，吴玥，李冰，黄为一，娄无忌，李顺鹏，卢夏等。他们认真审阅了初稿，并提出许多修改补充意见。张红生教授首先在审稿会上强调，要进一步查清史实和每一张照片的人名、时间、地点，使这本书经得起历史的考验；黄为一教授将他悉心修改的稿件从海口寄给我，还特地打电话给我加以详细说明；娄无忌教授写了珍贵的历史资料给我；李顺鹏教授提供了珍贵的照片和历史资料；卢夏老师则用他精湛的技术修整了全部 150 多幅照片；吴玥老师和李冰老师承担了许多事务工作。

这本书的写作，还得到许多热心人士和我家人的倾力支持和帮助。南京大学离休老教师解修伦支持和鼓励我写书，还亲临指导排版和参加校对工作；南京晓庄学院王盛教授仔细审阅全稿，逐字逐句推敲、改错、斧正。秦淮区党校公雪明老师帮助拍摄和修正照片，美国得克萨斯大学医学分部任凭副教授为本书提供了重要的历史文献的扫描件。

正是众人的精诚合作，才有《飞越驼峰航线——樊庆笙的科学报国之路》的问世。在此我向南京农业大学校领导，校友总会领导和所有参加本书工作以及提供珍贵历史资料的人士表示衷心的感谢！并感谢南京农业大学教育发展基金会资助出版本书。

樊真美

2021 年 10 月